重新定义"效率"的会议指南

聪明人的开会技巧

100 TRICKS TO APPEAR SMART IN MEETINGS

［美］萨拉·库珀（Sarah Cooper）◎著　佘卓桓◎译

湖南文艺出版社
HUNAN LITERATURE AND ART PUBLISHING HOUSE

博集天卷
CS-BOOKY

CONTENTS

目 录

TWO.

核心对话

THREE

下一步

后续内容

FOREWO-RD

卷首语

我将告诉你们我的心得，
我只说一次

与所有人一样，在参加会议时让自己表现得更优秀，这一直是我优先考虑的问题。有时，如果在会议上你幻想着自己的下一份工作、下一次打盹或是一块美味的熏肉时，这会变得非常困难。当这种情况出现的时候，你最好有一些可以依赖的技巧。本书将提供 100 条你可以信赖的技巧。

很多人都说，要聪明地工作，而不是埋头努力地工作。但我要说，停下手头的工作，好好地打个盹。当你们认真学习了本书讲述的各种策略，将其内化并付诸实践的话，那么你们就能在你所在的公司扮演重要的角色。

我能问你几个小问题吗？

你需要参加会议吗？

你希望自己的事业上一个台阶吗？

你喜欢回答一些毫无意义的设问吗？

你是为自己买这本书，还是为别人买这本书呢？

本书是为你而写，也是为别人而写。

为什么你在会议上的表现那么重要？说真的，这到底是为什么呢？

原因有很多。我们参加会议是为了"合作"，分享"信息"，向所有人证明我们的"工作"不是"毫无价值的"。还有就是，我们无法想到一个更好的借口。

据统计，我们大约将百分之七十五的工作时间都用在会议上，每年会举办大约一千一百万场会议。但是，超过三分之一的会议都用于计划下一次会议，另外六分之一的会议则是要求某人重复别人之前所说的话，因为那人没有认真听，而剩下六分之三的会议所要讨论的问题，其实都是可以通过一封邮件来解决的。

没人会用心参加会议的。因此，要想出人头地，在参加会议的时候，你就需要比其他人更加用心。事实上，参加会议是你展现自己领导潜能、软技能、分析性能力与创造性思维能力为数不多的机会。

你在会议上表现得更优秀，你就会受邀参加更多会议，就能拥有更多表现的机会，那么你就更能像所有首席执行官那样，转动着椅子，双眼盯着天花板，吹着口哨。

写这本书的用意

我之所以写这本书，是因为有人付钱而且我也想写。不过，我之所以要写，是因为交稿日期快到了。

早在 2007 年夏天，当时我在雅虎上班，就开始记录一些参加会议的技巧。在我参加的会议上，我亲自观察了许多主管、副总裁、资深副总裁、资深副总裁兼总经理的表现。七年之后，我成为谷歌公司的一名经理，受邀参加了比之前更多的会议。在我一帆风顺的职场之路上，我是如何实现人生轨迹的转变的呢？无非就是在我参加的会议上，让自己表现得更优秀。

各种情形占据会议时间的比例

资料来源：thecooperreview.com

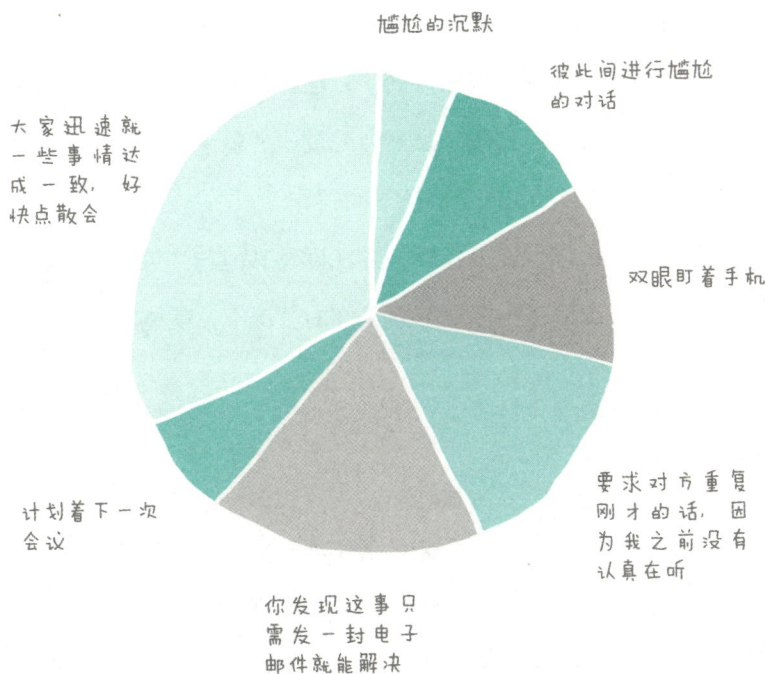

尴尬的沉默

彼此间进行尴尬的对话

大家迅速就一些事情达成一致，好快点散会

双眼盯着手机

计划着下一次会议

要求对方重复刚才的话，因为我之前没有认真在听

你发现这事只需发一封电子邮件就能解决

本书有什么内容

我在本书讲解的深入程度会超过你们的想象。我会谈及每一种类型的会议，从一对一的会议到会议陈述，让你们无论在什么类型的会议上，都能用简单的方法让自己表现得更优秀。

接着，我会与你保持同步，告诉你应该怎么做，才能让你与正常工作环境之外的事情保持同步；让你即便在没有参加会议的情况下，也知道该怎么做。我不会跳过一些棘手、复杂的技术性难题，比如你如何控制面部表情等问题。

本书会带给你们许多技巧、方法以及其他与"策略"有着相似性的技能，让你在不需要努力工作的情况下，就能实现梦寐以求的职业梦想。

以一个励志的总结作为结语

感知代表现实。我认为这是克里斯托弗·哥伦布当年说的一句话。他说得没错。我将自己认为所了解的一切知识都投入了这本书里，我真诚地希望这些技巧能够像帮助我一样，给你们带来许多帮助。

职业生涯

资料来源：thecooperreview.com

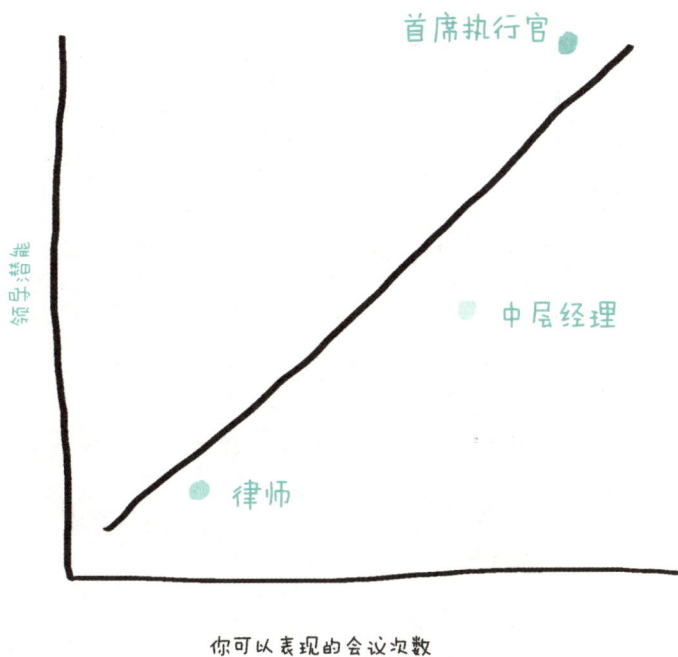

首席执行官

领导技能

中层经理

律师

你可以表现的会议次数

如何阅读这本书

- ☐ 首先买这本书

- ☐ 为你的同事购买这本书（你喜欢的那些同事）

- ☐ 准备一次会议，专门讨论这本书

- ☐ 准备一次后续会议，虽然没有什么可讨论的

- ☐ 在你的桌面上放着这本书

- ☐ 在所有的会议室里放着这本书

- ☐ 当你进行商务旅行时，在你的手提箱里放一本

- ☐ 在你的床头柜上放一本，正如你将苹果手机放在软垫上

SETTING
THE
STAGE

ONE . 做好准备

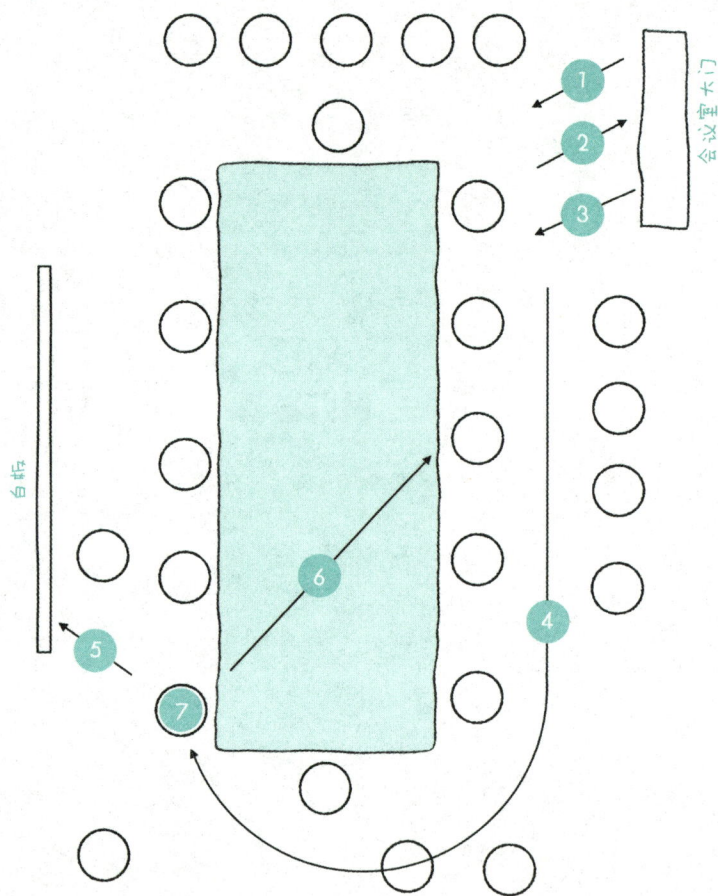

进入会议室

在会议期间，你坐在哪里、你的站姿、你的身体倾斜方向或是低头等动作，都可能决定你日后是否能成为公司的副总裁或是资深副总裁。按照下面这些方式进入会议室，会让你整个人充满智慧气息。

1. 进入会议室，询问大家是否需要什么（详见 #61）。

2. 离开会议室，拿来一些咖啡，接着不紧不慢地去一趟卫生间。

3. 即便没人要求，回来的时候也要带上一些水与零食。

4. 坐在会议主持人旁边，这会让别人认为你们是在共同主持会议（详见 #33）。

5. 在白板上写下几个关键词（详见白板技巧）。

6. 与会议室里跟你有不同意见的人进行眼神交流。

7. 身体微微倾斜，抬头望着天花板，双手则抱着后脑勺，让别人觉得你在认真思考一些事情。

一般性会议

让你表现
更优秀的 10 条重要策略

　　一般来说，一般性会议可以分为三大类：让人难受的会议、毫无意义的会议以及让人痛不欲生的会议。但是，无论你参加哪一种类型的会议，你都可以肯定，下面这 10 条技巧会让你表现得更加优秀。

#1 画一个维恩图

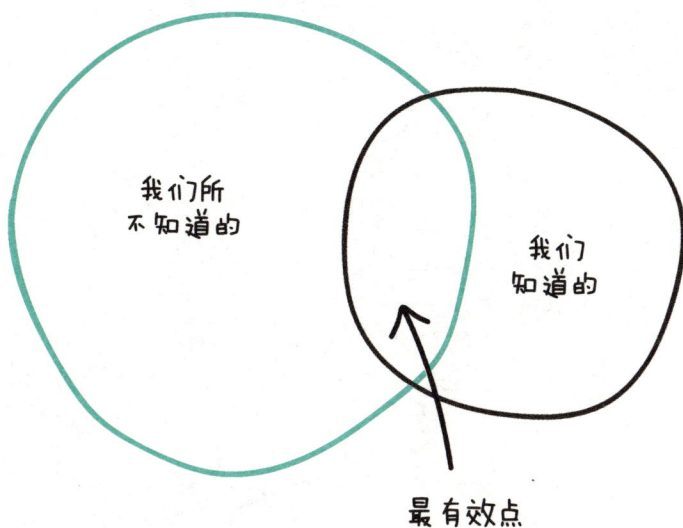

我们所
不知道的

我们
知道的

最有效点

　　你可以从座位上站起来，在白板上画一个维恩图，这是让你显得专业的好办法。即便你画的维恩图不是很精确，这也没关系。在你将马克笔放下之后，你的同事多半会因为你的图而受到启发，快速进入讨论环节，为你的维恩图进行补充和修正。此时，你就可以因为会议快速且有效地完成而小小庆祝一下了，因为你今天不会加班了。

#2 将百分比说成分数形式

大约百分之二十五的用户都会点击这个按键。

也就是大约四分之一。

　　如果有人说"大约百分之二十五的用户都会点击这个按键"时，你要迅速补充一句"也就是大约四分之一"，接着在笔记本上记录下来。在场的每个人都会点头认同，因为"四分之一"要比"百分之二十五"更直观，可以快速在脑中形成概念。同时，你也给他们留下了深刻的印象。

#3 鼓励每个人都"后退一步看"

我们能后退
一步看吗?

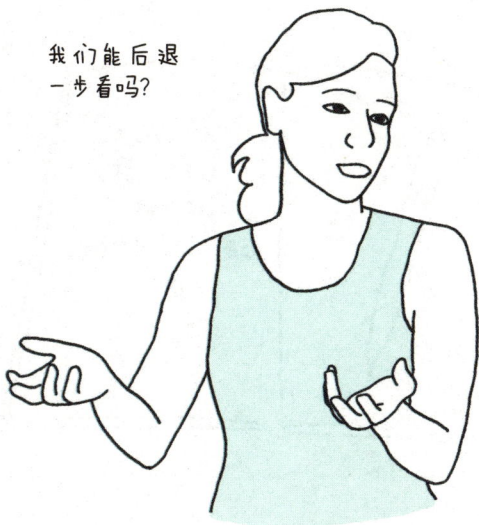

在大多数会议上,都会出现除了你之外,每个人都在插话的情况。这样会让会议越开越长,你可以在这个时候说:"嘿,大家都听着,我们能后退一步来看这个问题吗?"在场的每个人都会感激你,因为你的话结束了混乱的局面。接着,你可以迅速提出一个问题:"我们到底是要解决什么问题呢?"大功告成!在接下来的一个小时里,你已经掌控全场。

#4 不断地点头，同时做笔记

正在进行中
红色的按钮
成功测验
红色按钮的用户获胜
媒介

　　在参加会议时，记得始终带一个笔记本。你坚持不用电子设备记录的做法，会给人留下认真稳重的印象。在做记录的时候，你只需记录下关键词或者关键句子。你在一边记录的时候，要一边点头。如果某人问你是否在做记录，你要迅速地回答说，这些都是你个人的一些记录，表示其他人也应该将会议的一些内容记录下来。

#5 复述工程师说的最后一句话，
但复述时语速要很慢很慢

让我复述
一下……

你要在心里对会议室里的工程师进行打量，记住他的名字。在会议的大部分时间里，他都会保持安静。但当他开始讲话，他所说的每一句话都似乎来自某个不可知的世界。当他说完那些你根本不懂的话之后，你可以迅速地说："让我复述一下你刚才说的话。"接着，你要一字不落地重复他最后说的那句话，但要用很慢很慢的语速去说。此时，会议室的每个人都会看着你，因为他们也听不懂，你的复述正好可以让他们消化一下。

#6 无论讨论什么问题，都可以问：
"这有助于拓展业务规模吗？"

这有助于拓展业务规模吗？

　　无论你们在会议上讨论什么问题，了解你们所讨论的问题是否有助于拓展业务规模都是很重要的。谁也不知道这个问题到底意味着什么，但这个包罗万象的问题一般都会让工程师们抓狂。

#7 在会议室里来回踱步

当你在参加一个类似头脑风暴的会议时，你可以尝试着从座位上站起来，来回踱步。这样做需要你具有很大的勇气，但是相信我，比你一直坐在座位上效果好多了。在会议室里来回踱步，你可以走到墙角，背靠着墙，或者翻翻书架上的书，看看窗外的广告牌，等等。换个角度会激发出你的新想法，一直坐在位子上，盯着手中的会议材料，只会让你昏昏欲睡。

#8 要求陈述人回放之前那一张幻灯片

打扰一下，你可以回放之前那一张幻灯片吗？

"打扰一下，你可以回放之前那一张幻灯片吗？"虽然这是任何陈述人都不愿意听到的一句话，但为了确保内容的准确，无论你坐在哪个位置都可以提出这个问题。这样做会体现出你的专注，因为其他人显然没有注意到你可能注意到的细节。但是如果这是一场误会，也没关系。你只需要静静地盯着那张幻灯片看几秒钟，然后说："好了，让我们继续看吧。"

#9 走出会议室，接一个重要的电话

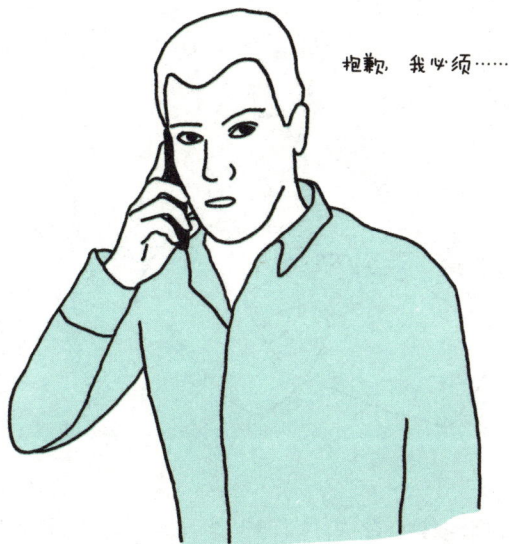

抱歉，我必须……

　　在开会的时候，你也许不敢走出会议室，不过有些会议真的会比较冗长，它可能会延误你的工作。如果在这个时候，你有相关的工作电话打进来，不要碍于面子不敢接听。紧急的工作要优先处理，这是原则。你可以跟与会人礼貌地致歉，然后走出去接听电话。等你忙完再回到会议室，会议可能都要结束了！

#10 开自己的玩笑

在过去的一个小时里，我没有留心听你们说的每一句话。

如果有人询问你的看法，而你根本没有留心听大家在过去的一个小时里说的话，你只需要说："坦白说，在过去的一个小时里，我没有留心听你们说的每一句话。"人们都喜欢听这种带着自嘲式的幽默的话。你可以说："也许，在我的离婚案件里，我唯一能利用的人就是律师了。"或是："上帝呀，我希望自己死了算了。"大家听了都会哈哈大笑，觉得你这个人诚实又幽默，会议的气氛都因为你而活跃了。但最重要的是，你给与会人留下了很不错的印象，工作开展起来你们之间的关系也会更融洽。

你可以画
21个简单明了的图表

在参加会议的时候，很多人都认为，走到白板前面画一些图画，这是一件让他们感到非常恐惧的事情——每个人的屁股都会像粘了胶水一样牢牢地坐在座位上，担心自己走到白板前面会出洋相。这其实正是你在会议上展示临场发挥能力的最简单的方法。你只需要站起身，就能立即将你的领导潜能放大10倍。但是，你该在白板上画些什么呢？这不重要。你只需走上前，然后在白板上画几个圆圈或者箭头，只要可以表达主题就行了，这样你就已经甩那些不敢上来的人好几条街了。但是，如果你想要更多关于这方面的技巧，可以尝试下面这些简单明了的图画。

愿景

1. 你可以在白板上画一个圆圈，然后在圆圈里面写下"愿景"一词。提醒在场的每个人，我们所做的每件事都必须围绕着这个愿景去进行。

2. 在白板上画一个三角形，然后画一个箭头指向这个三角形。然后，你问在场的人："我们是否真的专注于正确的事情呢？"

3. 在白板上画出一个形状怪异的桶，然后你将这称为漏斗。你接着说："我们需要决定一条能够获取最佳客户的最优途径。"

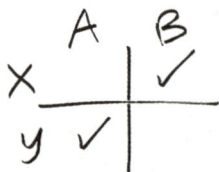

4. 你先在白板上画一条横线，接着画一条贯穿横线的垂直线，然后在里面加入一些字母或是标志。接着，你问在场的人："我们是否实现了所有的目标。"

5. 你在白板上画几个箱子形状的图形，然后用线将这些箱子连接起来。较大的箱子放在顶部，代表着重要的人物，而在底部的较小的箱子则代表着不重要的人物。接着，你可以发问："我们想要建立怎样的管理架构呢？"当你说完这句话的时候，你在别人心中肯定是代表着大箱子的重要人物。

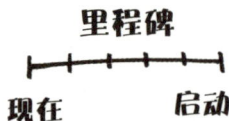

里程碑

现在　　　　启动

6. 你在白板上画一条线，在线的一端写上"现在"，在另一端写上"启动"，然后，在线的中间画出几个破折号，代表着你们的里程碑目标。这会让在场的人都认为，你知道这个项目计划是如何运作的。

后端
↓
前端

7. 你在白板上写下"后端"与"前端"这些字眼，然后用一个向下的箭头将其连接起来。接着，你说："我们需要将后端与前端连接起来。"你会给别人留下非常专业的印象。

8. 你在白板上画出一个类似比萨的形状，然后在图形里面写下一个问号。接着，你说："每个项目都是由不同的部分组成的，我们需要发现哪些部分是分量较重的，哪些部分是分量较轻的。"

9. 你在白板上画出一条X线与Y线，然后画出一条类似曲棍球棒线的线条。接着，你在这条棒线的弯头处画一个小圆圈，然后你对着众人发问："我们该怎样做才能实现这种曲棍球棒线式的增长？怎样才能实现更好的业绩？"

策略

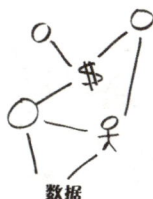

10. 你只需要在白板上写下诸如"策略""目标"或是"行动计划"等粗体字，然后在这些词语下面画两条线。接着，你可以回到座位上。你的团队成员肯定会认为你此时是极为认真的。

11. 你可以在白板上画几个人物线条画，然后说我们需要谈论我们的顾客。接着，你用笔画一个圆圈圈住一个线条人物，接着说："这是露西，露西是一位母亲。露西会有什么需求呢？谁在乎她需求什么。我们在意的是我们需要什么。这是一个思维陷阱。真正重要的是，露西想要什么？"

数据

12. 你可以在白板上画几个圆圈，随机写下几个词语，比如"金钱""数据"或是"热狗"等。接着，你画一些线将其连接起来。然后，你问在场的人，他们是否也能像你这样将一些点连接起来。

13. 你可以在白板上画一条线，然后在线的两端各画一个箭头。你可以走到线的一端，说出一个词语，接着走到线的另一端，说出与刚才那个词意思相反的词语。接着，你询问团队成员，你们应该处在哪个位置？

14. 你可以在白板上画一个箱子形状，再从箱子内画一个指向外面的箭头，接着说我们不能习惯于箱子内的固定思维。

15. 你可以在白板上画一朵云，然后对大家说："让我们谈论一下蓝天吧"。或者这样问："你们对这朵云有什么看法？"无论是哪一种说法，都会让你看上去是具有创造性思维的人。

16. 你可以在白板上写出"路线图"的字眼，然后画一个长方形围住这些字。接着，你可以这样问同事："你们的路线图是什么？"这会让你显得更加关心你们要共同实现的目标。

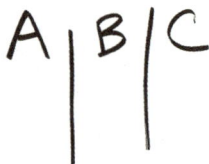

17. 你可以在白板上画两条竖线，分别写下 A、B、C 等字母。接着，你可以问团队成员，将你们的讨论变成一种思维流。然后，你可以回到座位上坐下来，让其他人去思考。

18. 你可以在白板上写下"点子"一词，然后用弯弯曲曲的线条将这个词语包围住。这会表明你真的想聆听其他人的想法，而这些弯弯曲曲的线条则表明你的思维是多么缜密。

19. 你可以在白板上画一条线，在一端标明 A，在另一端标明 B。然后，你可以发问："我们该怎么做才能从 A 点到达 B 点呢？"你的同事会感谢你简化寻找解决方法的做法。

20. 你可以在白板上写下 1、2、3 这几个数字，然后用箭头将其连接起来。接着，你可以发问，我们该采取什么样的步骤，以及这些步骤具体是怎样的。然后，你可以将其他同事说出的想法写在白板上。

21. 你可以在白板上画一个三角形，在三角形每个角的位置上写一个问号。接着，你可以说："每一个重要的策略都有三个强大的基石作为支撑。"然后继续发问："我们的基石又是什么呢？"

如何说服你的同事，让他认为你真正在乎工作

某天，一位同事跟我说了他对某事的看法。说实话，我根本不知道他在说什么。我要指出的点是，聆听你的同事是很难的。如果会议室只有你与另外一个人，那么，对于你表现出全身心投入、努力工作以及拥有比所有人更宽广知识面的样子，对方肯定会像在显微镜下面观察你。

下面 10 条技巧，可以让对方丝毫察觉不到你此时此刻根本不愿意跟他一起开会的想法，同时赢得他对你的敬意。

#11 在最后时刻给对方发信息，询问是否真有必要开会

今天还需要见面开会吗？

不需要了。

在会议开始前，你可以给同事发一条信息，询问他是否仍有必要开会。你可以在信息里说，你知道大家的时间很宝贵，因此你们可以利用开会的时间为公司做更有价值的工作。你的同事肯定会为你这样珍惜他的时间而对你留下好印象。他很有可能会取消这次会议，避免双方真的谈论到一些真正重要的事情。这就让你整个下午都空闲下来，可以处理一下手头上真正要紧的工作，或者去拜访一下重要的客户。

#12 你说自己正在忙着做某事

给我两秒钟……

你早早来到会议室，开始阅读电子邮件。手头上的事情还没处理完，同事就来到了你的办公室。在热情的问候后，你可以说自己正忙着做某事，让他稍等一下。你可以请他坐下，给他一杯咖啡或者一本书，然后你就可以先处理你手头上的事情了，他也不会觉得特别尴尬。正好给彼此一段时间，梳理一下想要谈论的主题、想要表达的观点。

#13 说你今天没有什么议程表

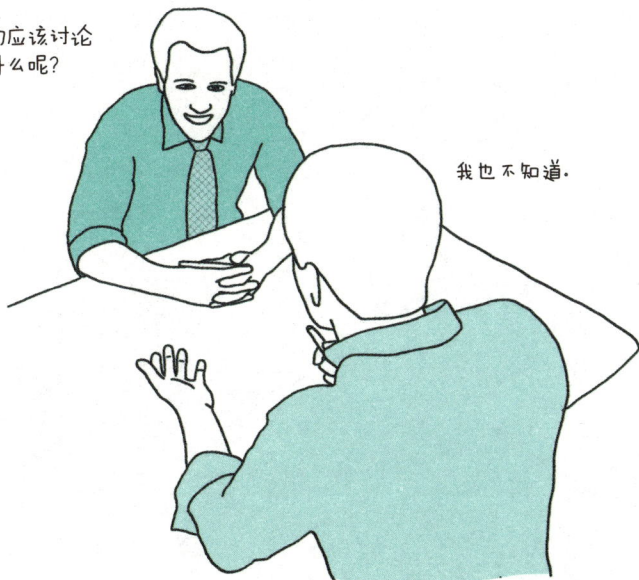

我们应该讨论些什么呢？

我也不知道.

　　对于周会形式的会议，如果你没有什么特别要说的事情，可以直接表达出来，这样会让同事处于一种放松状态，也会让你显得更加友好与容易接近。接着，你可以让他提出某些需要讨论的话题，给他施加一点压力。如果他无法提出什么话题，你可以顺水推舟地说早点结束会议。如果连续好几周都出现这样的情况，你可以建议以后取消这样的会议。可以尝试别的形式来代替周会，有必要的时候再把大家聚起来。

#14 对别人说的话表示认同

是的,当然了,
肯定啦!

　　你和你的同事在谈论时,你可以做出一副了解并且认同的表情,必要的时候你可以不时插入"是的""当然了""肯定啦!""大家都知道这点"等话语。这样不仅可以使谈话气氛更融洽,也让对方认为你很真诚亲切。有了融洽的气氛可以使你们的沟通效率提升,问题也就比较好解决了。

#15 建议进行一次"边走边谈"的会议

我们边走
边聊吧.

如果同事希望与你聊天，你可以建议大家边走边聊，这始终是非常好的做法。你可以说自己喜欢边走边谈的会议，因为这能够让你的大脑更加清醒，并列举史蒂夫·乔布斯也喜欢这样做的例子。

#16 当你的同事提出一个问题时，
要求他举出具体例子

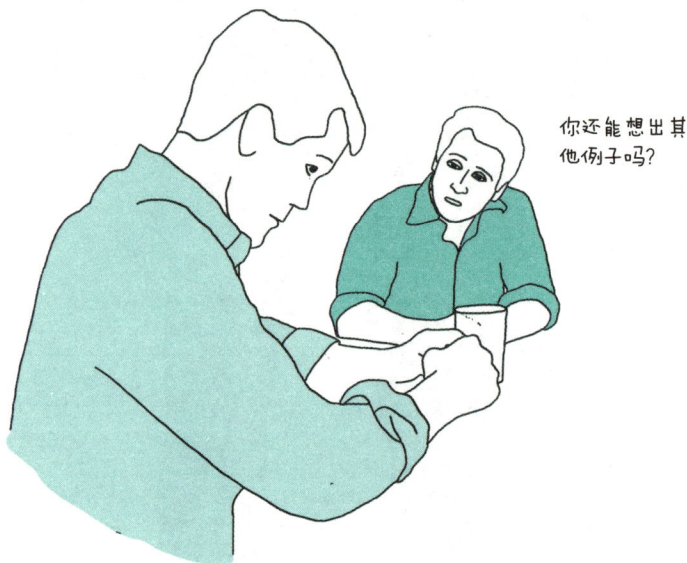

你还能想出其他例子吗？

　　当你的同事提出一个他正在思考的问题时，你可以让他举出一个具体的例子。接着，你可以让他举出一个更为具体的例子。然后，你说自己真的需要多个例子来建立起一个模式，在他未能举出更多例子的时候，你可以顺势说下次再谈论这个问题，让彼此能有更多思考和准备的时间。

在一对一的情形下，我们在做些什么？

资料来源：thecooperreview.com

12%　祈祷我们的同事不会哭

20%　努力控制自己不哭

30%　忍不住哭了

90%　假装很在乎

96%　想要提前15分钟散会

52%　喜欢谈论天气情况

63%　讨厌别人总是谈论天气情况

92%　在谈论其他同事的八卦

16%　梦想着自己可以做一份"不需要动脑"的工作

#17 说一些别人无法反驳的明显事实

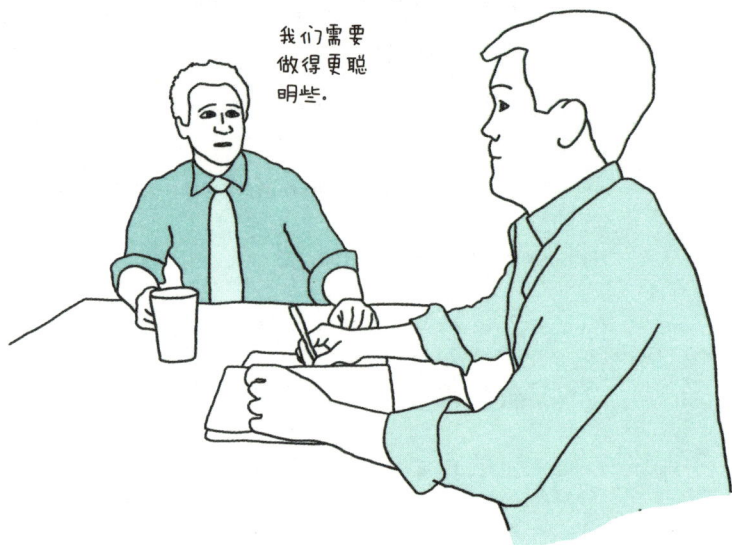

我们需要做得更聪明些.

让你的同事同意你所说的每句话，这个听起来很难，但是最好的方法，就是说一些他实在是无法不同意的话。比如下面这些话：

我们无法改变已经发生的事实。

我们需要做得更聪明些。

我们应该专注于那些优先事项。

我们应该做出正确的选择。

让我们只着眼于事实与大家的想法吧。

#18 对别人说，你跟他说的都是机密信息

我其实真不该跟
你说这些的……

你要让同事对你所说的话保密，即便你说的事情可能并不是秘密，但这会让你所说的每句话都显得格外重要。这样做可以拉近你们的关系，还可以让你的同事与你分享一些他知道但是你不知道的信息。

#19 与别人分享一种客观的观点

客观地说，我
是这个团队
里最有价值
的人.

所有观点都是具有主观性的，除了你特别说明那些观点是客观的观点。如果你用"客观地说"这句话开头，那么无论你的同事怎么想，你接下来所说的每句话必然要在任何情境下都是百分之百正确的。你在说每句话前，都该说"客观地说"这句话。

#20 就是否有必要开会与对方进行交流

这样有用吗？

你需要就开会对于解决问题是否有用表达深重的关切，然后询问怎样开会才能取得更好的效果，接着说你下次会改进的，但记住下次一定要有所改进，不然永远都是无效的会议。

如何展现
你的面部表情

在参加会议时，你展现出的面部表情是很重要的。在正确的时机做出正确的表情，会让你显得与众不同，也会让别人认为你好像知道到底在谈论什么问题。

不过，要是你之前从未练习过数百次这样的表情，那么你很难在正确的时机展现出正确的表情。如果你正因此而感到苦恼，那么你可以尝试后面几个面部表情。

1. 你可以皱着眉毛，略微倾斜头部。这个表情的意思是："这个想法听上去很熟悉。哦，是的，因为这个想法是你从我们的竞争对手那里偷过来的。"

2. 你可以下巴向下，噘着嘴。这个表情的意思是："我很高兴你能告诉我如何做好这份工作。"

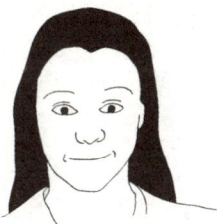

3. 你可以扬起眉毛，露出微笑。这个表情的意思是："有人带来了纸杯蛋糕？"

4. 你可以摆出一脸疲惫的样子。这个表情的意思是："到底是哪个家伙将开会的时间定在早上八点钟啊？"

5. 你可以眯着眼，然后微微地皱着眉头。这个表情的意思是："你刚刚只是给我端来了一杯白开水？"

6. 你可以露出狡猾的微笑。这个表情的意思是："没错，我还在想办法做好那个项目。"

7. 你可以闭上眼睛。这个表情的意思是："我发誓，我正在非常认真地听你说话。"

8. 你可以用拳头托着下巴。这个表情的意思是："内森，你刚才为我提供了一个很有趣的见解，跟我详细地讲讲。"

9. 你可以扬起眉毛，用手指指着某些事物。这个表情的意思是："哦，对了！我们忘记将这个决定记录下来了。"

10. 你可以露齿微笑。这个表情的意思是："老板，你说得很有道理。"

11. 你可以露出兴奋的表情。这个表情的意思是："嘿，现在差不多是喝啤酒的时间了。"

12. 你可以露出微笑，将头转向一边。这个表情的意思是："我昨晚不是在健身房见过你吗？"

13. 你可以表露出一脸茫然的样子。这个表情的意思是："这真是最糟糕的主意！"

14. 你可以做出环视会议室的表情。这个表情的意思是："有没有将这些内容记录下来呢？"

15. 你可以皱着眉头，露出微笑。这个表情的意思是："安排下一次会议讨论这个问题如何？当然没问题啦！"

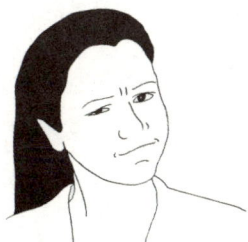

16. 你可以皱着鼻子。这个表情的意思是："刚才有人在放屁吗？"

17. 你可以摆出一脸恐惧的样子。这个表情的意思是："你刚才竟然用马克笔在白板上写字！"

18. 你可以摆出高人一等的表情。这个表情的意思是："只要我参加这次会议，就会让这次会议变得格外重要。"

19. 你可以抬起头,
转向一边. 这个表情的
意思是: "嗯……我不
记得我之前说过要这样
做. "

20. 你可以做出正在吃
沙拉的表情. 这个表情
的意思是: "我正在吃
沙拉, 大家最好不要问
我什么问题. "

21. 你可以摆出昏昏欲
睡的样子. 这个表情的
意思是: "在过去一年
半内, 我们一直都在谈
论如何精简流程这个问
题. "

如何在通话中表现优秀

当你在别处通过电话参加会议的时候，别人很难知道在过去半个小时内，你并没有全神贯注地听他讲。事实上，我就是在参加一场会议的时候写下这些文字的。没错，我可能依然是所有参加会议的人员里面效率最高的。我是怎么做到的呢？因为我有下面这12条技巧。

#21 在电话里询问
是否所有人都到齐了

大家都到齐了
吗? 艾琳在吗?
托比在吗?

  在会议开始之前,你可以通过电话询问所有人是否都到齐了。你甚至可以说出某个人的名字,询问他是否在场。如果他没有在场的话,你可以问他是否应该参加这次会议。这样做不仅会让你的同事感受到你的勤奋努力,也会让大家认为你真的很用心在准备这次的会议,同时也可以激励其他人的参与热情。

#22 在电话里谈论你所在地区的天气或是时区

我是山姆，我这里是凌晨五点，冷死了。你们那边的天气如何？

在通话一开始时，你可以从天气聊起，聊聊你所在地的天气，也问问对方的。这样做不仅可以让气氛很容易打开，也可以让对方知晓你人在哪里，特别是你在世界的其他地方的时候。如果你在深夜打电话参加会议，这样的效果是最好的。你对公司的忠诚奉献精神和专业程度会展现得淋漓尽致，大家也会知道你的辛苦。

#23 在电话里要求其他人不要说话

你能静一
下吗？

在打电话时，每个人都讨厌嘈杂的背景音，但是，只有真正的商业领袖才有勇气这样说出来。无论接你电话的人是谁，你都可以打断他，这样问："你那里怎么那么吵？"接着继续说："如果想会议快点结束的话，请你到安静的地方好吗？"接下来，你们的通话将会变得流畅且安静，别人也会以为你具有很强的领导执行能力。

#24 在电话里要求对方暂停会议，说你正在打开数据

你稍微等一下，我正在笔记本电脑上查看这个图表。

你可以在电话里说，你必须要中断通话，因为你要打开数据，同时提醒参加会议的每个人，我们需要根据数据做出正确的决定，然后你可以询问大家是否正在看这些数据。一旦所有人都做出了肯定的答复，你可以说："好了，我们现在可以继续了。"接着，你们的会议效率就如同坐上了特快列车一般嗖嗖地提升。

#25 你可以在电话里问："你是谁？"

请问你是谁？

如果某人在没有自报家门的情况下进入了你的电话会议，你一定要礼貌地问："你是谁？"知道对方是谁，对你的发挥将有着很大的影响。如果是个很重要的人物且又严厉，那你在接下来的会议中的一切言论和方案，都要谨慎又谨慎。反之，那你们就可以在会议中穿插讨论一下下次见面吃点什么了。

#26 你可以使用"尖端"通信技术打电话

我正在未来与你们对话.

你可以在通话中告诉大家，你正在使用全新的智能手表或是一些尖端通信技术参加这次会议。你的同事肯定会对你主动尝试新鲜事物的做法印象深刻，因为他们会认为，这意味着你要比他们对未来的趋势有更加深刻的认知。你要事先给他们打预防针，要是你突然掉线了，这肯定是因为这些产品还存在改进的空间。

#27 当某人提起一个庞大的数目时，你要用城市或是国家去进行比喻

两万五千名顾客？
这个数目都相当于
某某镇一个小村庄
的人口总数了。

当某人提起一个庞大的数目时，你可以用一座城市、一个国家或是某个地理区域进行替代。你展现出来的深厚的世界知识，必然会给你的同事留下深刻的印象。

#28 你可以说"这实在让人兴奋""这很有道理"或是"这实在太酷了"

感谢你提供的独特见解，这实在让人感到兴奋。

当你通过电话参加会议的时候，没有人看到你在点头或是微笑，因此你不时插几句话进来，就显得特别重要。这会让参加会议的人知道你仍在专心地聆听，知道你全神贯注地跟着他们的思路。你可以在电话里不时插入这些话语："感谢你提出的这些见解。""是的，你说得没错！""我们要继续深入思考这个问题。""你的这个想法实在太有趣了！""哇！""嗯嗯！"

#29 在打电话时给参加会议的人发短信

嘿，克里斯蒂娜，你收到这些信息了吗？

　　在你参加电话会议的时候，可以给参加会议的其他人发去即时短信。你可以发这些内容："你认为这样做有没有可行性呢？""你对此有什么全新的看法呢？""看来，我今天都要忙这件事了，没有时间吃午餐了。"你同时处理多项工作的能力必然会给你的领导和同事留下深刻的印象。

#30 你可以建议线下谈论这些事情

我们为什么
不在线下讨
论呢？

    当你对对方谈论的事情毫无头绪时，可以在电话里建议线下谈论这些事情。你可以提醒参加会议的每个人，深入地探讨最好是在会面的时候进行。当有人问你什么才是深入地探讨时，你可以说自己也不是很确定，但你愿意在线下谈论一切事情。

#31 你要确保每个参加会议的人都得到最新版本的文件

我正在阅读红色页眉的最新文件，你们看了这份红色页眉的文件吗？

当你在浏览一份文件的时候，可以打断对方，说："我知道这份文件已经做了一些修改，我只是想保证我们都在看着最新版本的文件。"此时，参加会议的人肯定会找寻最新版本的文件，确保自己手中的资料都是正确的，他们会感激你指出了这点，因为你避免了错误的发生。

#32

当某人问我们是否已经就所有问题都进行了讨论时，你可以说："我还有一些想法，但我还是通过邮件的形式发给你们吧。"

我稍后会
跟进的.

　　这一般发生在电话行将结束的时候，会议组织者想要确保所有的问题都进行了讨论。此时，你如果还有问题或者一些想法，你可以说希望另外再找时间讨论。这是在节约每个人的时间，他们会很感激你。当然，过后你一定要追加一次小范围讨论，把你的问题解决掉。

在加拿大的时候

在说话之前，要首先说打扰对方了。

在美国的时候

建议开一次会讨论下次会议的主题。

在牙买加的时候

你不能说这个项目延迟了，而应该说："有耐心的人才能骑驴。"

在墨西哥的时候

在你参加商业会议时，绝对不能首先提及真正的商业业务。

在巴西的时候

当你与别人握手的时候，尽可能地与他们握久一些。

如何在世界性会议上让自己表现优秀

在英国的时候

你可以抱怨缺乏足够的透明度。

在芬兰的时候

当别人向你提出一个问题的时候，你要停顿一下，做出深思熟虑的表情，然后才回答。在你回答完之后，还要补充说："我还需要对此进行更加深入的思考。"

在俄罗斯的时候

你要学会用俄语说出铿锵有力的"不"这个字。你要摆出一副明显恼怒的样子，走出会议室。然后，你可以表情冷静地回来。

在日本的时候

当你认为要说"不"的时候，记得要说"可能吧"。

在摩洛哥的时候

在会议开始之前，你可以询问与会者家人的健康状况。

在中国的时候

用微妙的语言或动作表达自己的观点。

在印度的时候

你要问："我们真的能够相信这些数据吗？"你要摆出冷峻的表情，质疑所有数据的真实性，然后说："我们不能单纯依靠数据做出决定。"

在澳大利亚的时候

在会议开始之前，你要提醒与会者跟上会议的主题思路。在会议行将结束的时候，你要感谢大家始终围绕着会议的主题发言。

在乌干达的时候

你可以询问这场会议是否有什么会议规则。如果别人回答说没有，你可以建议大家在会议开始之前制定一些会议规则。

在美国西北部的时候

在你们公司可提供免费
早午餐的地方，举行一
次临时会议。

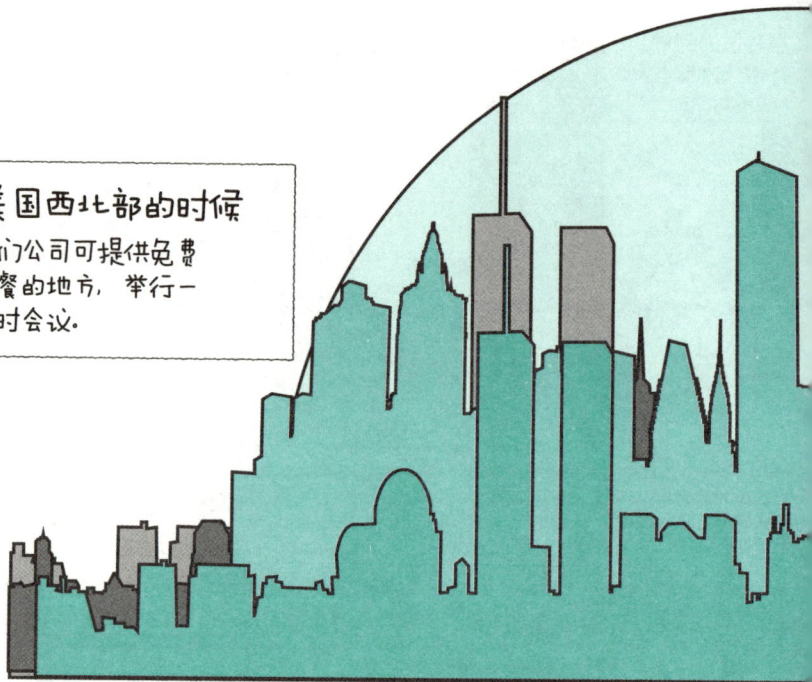

在美国西南部的时候

你应该使用 "comp" 这个词根来代替
"可比较的"（comparable）、"全面的"
（comprehensive）、"补偿"（compensation）
或是 "理解"（comprehend）等词语。

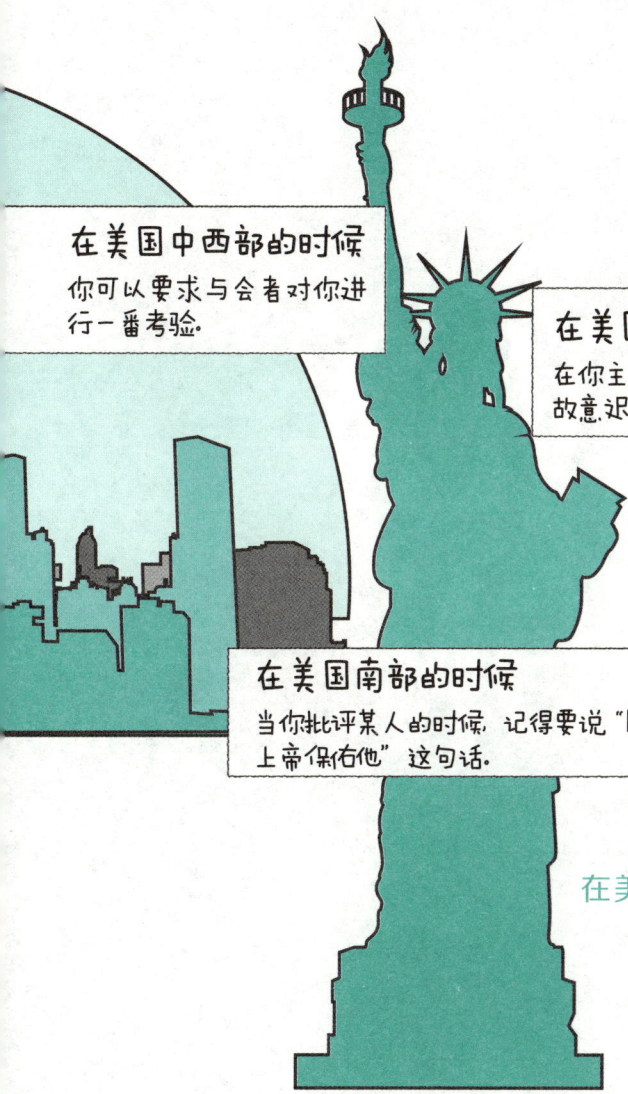

在美国中西部的时候
你可以要求与会者对你进
行一番考验.

在美国东北部的时候
在你主持的会议上，你可以
故意迟到.

在美国南部的时候
当你批评某人的时候，记得要说"愿
上帝保佑他"这句话.

在美国各地开会表现
优秀的方法

CORE
CONVER-
SATION

TWO.

核心对话

* 会议室的剧本：成为会议室的主人

* 团队会议：如何像老板那样展现气场

* 融入其中：在由男性主导的职场里，如何参加会议

* 临时会议：如何像忍者那样应对会议上出其不意
  的"偷袭"

* 虽然这是一个严肃的会议，但如何让这个会议看上去
  不像一个严肃的会议

* 陈述：如何在不说太多话的情况下，征服其他人的心

* 参加会议带上"小抄"：解释每个人所说的话

* 头脑风暴式会议：如何作为团队里具有创造力的人

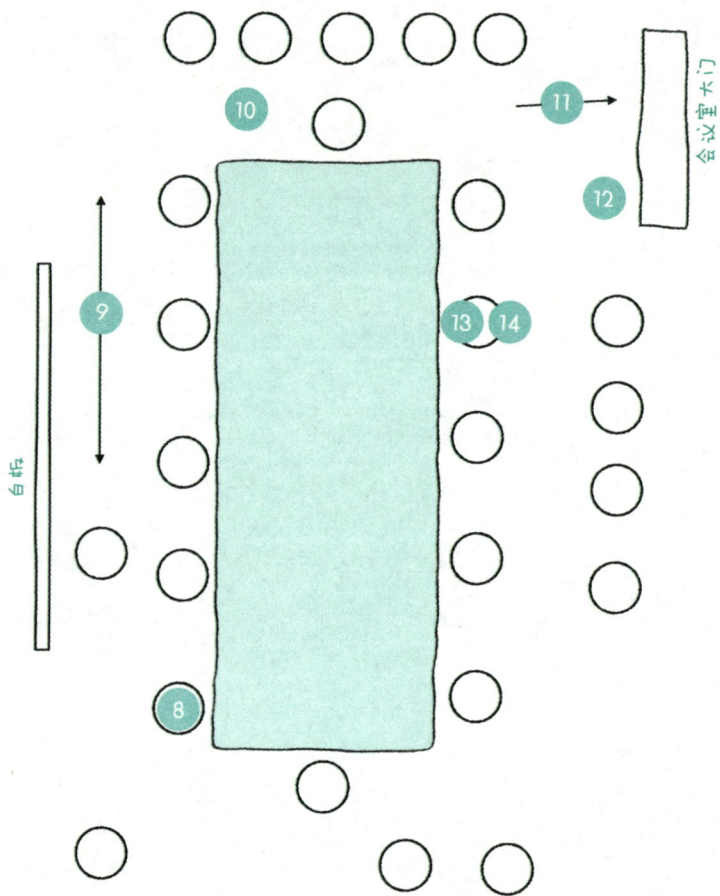

合议室大门

台板

成为会议室的主人

在会议到了饭点的时候，你很容易失去专注力，不知道大家到底在说什么。下面几条技巧可以增强你在开会时的表现。

8. 你可以吃一口东西，始终做出警觉与认真的表情。这样的话，没有人会问你问题。你可以向左向右看，让别人知道你还在咀嚼食物，没有吞下去。（可以详见情商计划）

9. 你可以从座位上站起来，在会议室里来回踱步。这可以让你的思维更活跃，也不会因为大脑疲倦而犯困。（可以详见 #7）

10. 你可以背对着大家，望着窗外，然后深深地叹一口气。

11. 你可以离开会议室接一个电话。（可以详见 #9）

12. 当你即将进入会议室时，可以站在大门口处，似乎你可能随时都要再次离开一样。

13. 你最后坐在了另一把椅子上。

14. 你可以思考一下，首席执行官会对这样的谈话做出怎样的反应。（可以详见 #67）

如何像老板
那样展现气场

　　即使是以"站立会议""检查例会"或是"全体人员大会"等名称出现，这些会议还是在每日、每周、每月、每个季度或是每年里出现，让我们无处可逃，让每个人都不禁发问，为什么这些会议还在他们的日程表上。

　　如果你能在这些会议上让自己表现得更优秀，那么你在某天可能就有机会去主持会议。到了那个时候，你就可以选择取消一些无效的会议了。

#33 坐在会议主持者旁边

　　在开会的时候，你可以坐在会议主持者旁边。其他与会者可能会认为，你正在与他谈论着议事日程，并在恰当的时候给予他支持。这会给团队其他成员留下这样的印象，即你与他是在共同主持这次会议。这样做的好处就是，你的议题会受到重视，并且在这次会议上得到解决。

#34 讨论流程

我只是在想这个流程是否正确.

当某人做了最新的简报之后，你可以问"我们是否正在使用正确的流程"。你这样问，很有可能会让之前的会议变成一场关于正确流程的讨论。此时，你可以指出，要是我们做事的流程能够更加清晰透明，肯定能取得更好的效果。别人会认为你是一位具有战略眼光且以目标为导向的团队成员。

#35 打断正在做简报的人，然后让他接着说完

安东尼，请允许我打断你一下。大家注意了，安东尼要给我们做最新的简报，我们需要认真听。好了，安东尼，你接着说吧。

　　如果某人正在就某个项目做简报，你却发现大家有点心不在焉，你可以打断他，对每个人说这份简报是多么重要。然后，你可以让之前做简报的人接着说。这会显得你牢牢地掌控着这次会议，也及时避免了一场无效的会议。

#36 要求进行时间核对

我们该怎样
做才能做到
准时呢?

你要提醒与会者在做简报的时候尽可能简短一些，因为我们都希望这次会议时间更短一些。每当你为缩短会议时间做出努力时，你在别人看来都像真正的英雄。当你开始做简报的时候，你可以询问自己有多少时间。如果你只有五分钟的话，那么你需要将发言精简，提出重点即可。这样的锻炼，也会让你在工作中效率大增。

会议与邮件之间的循环

资料来源: thecooperreview.com

这次会议需要很长的时间，我们还是用邮件讨论吧。

用邮件讨论实在太不方便了，我们还是直接开会讨论吧。

#37 当你没有参与某个项目时，也要使用"我们"这个词语

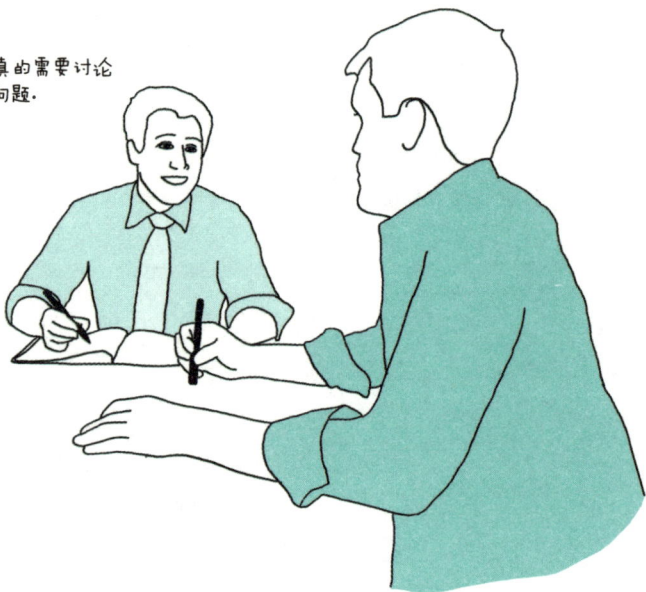

我们真的需要讨论
这个问题。

当你谈论别人的某个项目时，始终要使用"我们"这个词，即便你与这个项目毫无关系。你可以这样说："你认为我们什么时候可以完成这个项目？""我们真的应该专注于这点。""哇，我们在这方面真的搞砸了！"

#38 提醒与会者，我们手头上的资源是有限的

我只是想提醒在座的各位，我们手头上的资源有限。

　　大家是否已经知道我们手头上的资源是有限的呢？都知道。当你提醒大家这点的时候，是否能让会议变得有效一些，让自己变得更高明一些呢？肯定能。

#39 当某人提出一个问题时，你可以
看着那些你认为知道答案的人

在很多时候，对于别人提出的一些问题，你根本就是一头雾水。但这没有关系。你只需要看着大家都在看的那个人，因为那个人可能知道这个问题的答案。如果那个人说出了答案，并且是非常正确的，你要露出赞许的表情。不过内心要对自己说：学着点！你也可以知道答案的。

#40 在会议结束的时候，让几个人留下来讨论其他问题

玛格丽特，你能多留一会儿吗？

在会议结束的时候，你要求一两个人留下来多聊一会儿，可以是会议上一些需要加深讨论的问题，也可以是其他工作方面的问题。不占用大家的时间来解决这些问题，是很明智的，因为开个小会就可以了。留下的人会觉得自己很受重视，气氛也要比大会议轻松很多，而离开的人也会松口气，对他们来说会议终于结束了。

在由男性主导的职场里，如何参加会议

与所有职业女性一样，我也不是一名男性。在这个职场世界里，作为一名职场女性，我身边的许多同事都是男性。无论是在政府、技术公司还是现实中的香肠工厂，这种"香肠工厂"的现状是普遍存在的。因此，对每一位职业女性来说，让所有人知道你过来上班不是端咖啡的，这很重要。在男性主导的职场里，下面是我最常用的 8 条小技巧。

1. 使用体育用语

如果说男性最懂什么的话，那肯定是体育用语了。如果某人出色地完成了一项工作，就会说他完成了一次全垒打。如果你想去卫生间，就可以说自己去推标准杆了。在与男同事交流的时候，使用体育用语所取得的效果，就像一路推着冰球不断向前，最后才将毛巾挂起来。

2. 与他们击掌

你会惊讶地发现，在职场上击掌是男性庆祝的主要方式。几乎在任何场合，击掌都是适合的行为——无论是他们赢得了一场比赛、在休息室里获得了免费的百吉饼，或是在方便之后洗手的时候。你可以用力地与他们击掌，展现自己的力量。当你宣泄击掌带来的痛感时，不要让任何人看到。

3. 学会谈论汽车

你办公室里的男同事最后都会谈论有关汽车的话题，因此你也可以尝试了解他们感兴趣的话题。你可以登录法拉利、保时捷与兰博基尼等豪车的官网。

4. 即便你想提出一个问题，也不要让这听上去像是一个问题

大多数女性即便在没有提问的时候，她们说话的口气也似乎是在提问。千万不要这样做。你说的每句话都要充满力量。你所展现出来的自信会让男同事对你产生敬畏之心，最终会选择远离你，但他们肯定会尊重你的。

5. 赞美他们的袜子

男性的一生只有两个机会去展现他们的时尚品位：他们左脚的袜子与右脚的袜子。因此，你可以认真观察他们所穿的袜子，然后狂赞他们的品位。这会让他们认为自己耗费许多时间挑选这双袜子是完全值得的。

6. 当他们要求你去做某些事，是因为他们"需要更多女性"时，你尽可以一笑置之

你可能会受邀参加陈述演说、商务晚宴或是某项活动，只是因为"他们需要更多女性"。当你遇到这种完全漠视你作为人所具有的价值的嘲讽时，你要一笑置之，不要过分放在心上。当你与闺密在一起的时候，你可以多加抱怨。只有当你一人躺在床上，没人看

到你流眼泪的时候，才可以放声大哭。

7. 时常开一些无伤大雅的玩笑

你可以用闪光粉撒在他的笔上。你可以将他平时喝的咖啡变成低因咖啡。你可以假装用你老板的声音，给他留一条语音信息，告知他因为市场波动剧烈，因此他下个季度的津贴会大幅度减少。你可能会认为这样开玩笑有点过分或是不够厚道，但如果你想要融入进去的话，那么你就需要让自己的心变得坚硬起来。

8. 引述《谋杀绿脚趾》等电影的台词

你还可以引述《动物屋》《追梦赤子心》或是他们总是谈论的电影的台词。

临时会议

如何像忍者那样应对会议上出其不意的"偷袭"

　　一次临时会议可能会以"快速问答""快速签到"或是"快速聊天"等名义出现，但这些出其不意的"偷袭"更像是"你今天在家办公到底是为何呢？"等质问。

　　在临时会议上表现优秀的关键，就是要对此表现出兴奋之情，表示愿意谈论任何问题，同时绞尽脑汁地避免进行任何无意义的对话。

#41 以开放的态度欢迎任何会议

当你的同事需要跟你沟通工作的时候，你可以立即停下手头的工作，积极询问你的同事有什么想法，这样你会给同事留下亲切且热心于工作的印象。当其他人描述你的时候，他们会使用诸如"友好"与"热情"等形容词。而且对手头上的工作来说，加强沟通确实可以提高效率，并且打开你的思维。

#42 赞美对方

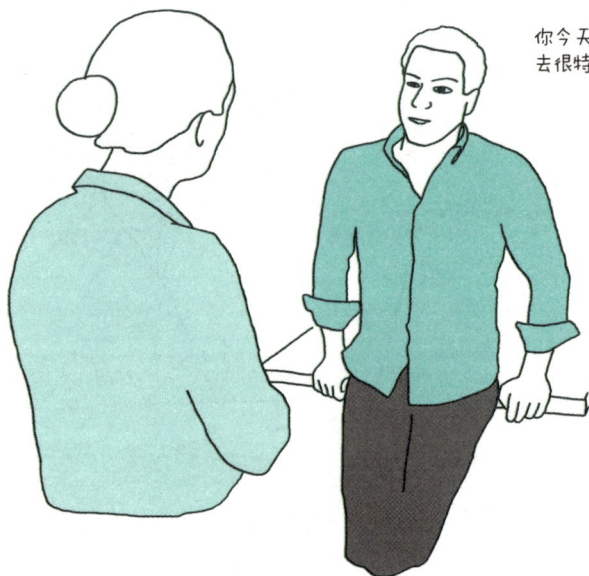

你今天的发誓看上去很特别。

　　赞美对方，这是社交中常用的技巧。这里需要注意的就只有一项：真诚。太随意的赞美会让对方觉得你在敷衍，太夸张的赞美则会让对方觉得你很虚伪，说不定另有所图。

#43 设定时间

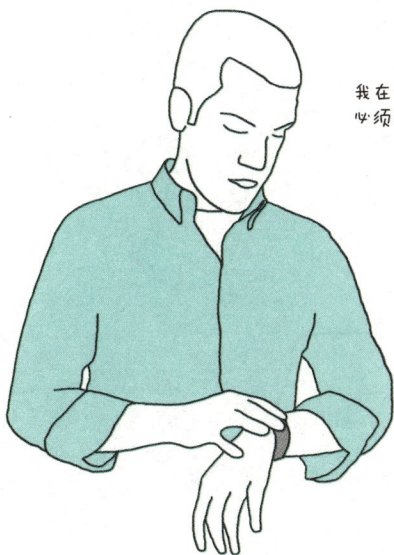

我在下午两点时
必须离开。

　　在开始对话的时候，你可以先说一下时间，比如：我们聊十分钟。这会让你的同事感受到一种工作节奏，认为你每一分钟的工作时间都是精心安排的。你的同事会感觉有必要迅速说完重点，如果他无法做到这点，你可以让他通过邮件的形式发给你。

#44 你可以说："我只是需要确保自己没有漏掉任何细节。"

你是知道的，我都是按照日程表来走的。

首先，你喜欢与别人进行交流，但在这之前你需要确保没有漏掉任何细节，可能有更重要更优先的事情等着你处理。你需要检查一下日程表，打开笔记本电脑查看电子邮件。然后，你可以查看一下手机与平板电脑。把控细节的习惯一定要养成，这样不仅可以合理安排自己的时间，也是对同事和工作项目负责的一种表现。

#45 拉其他人加入对话

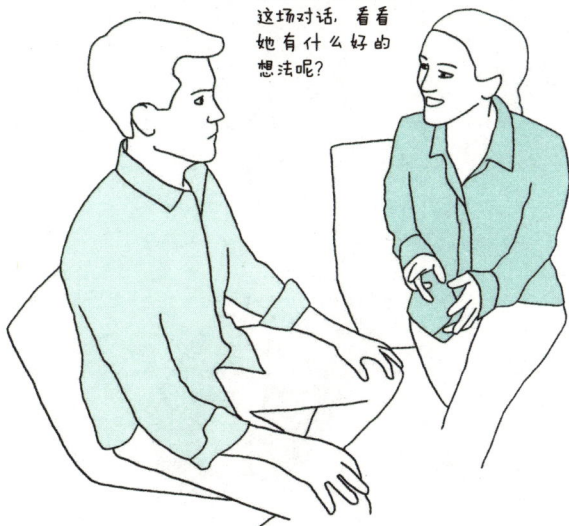

为什么我们不让珍妮弗加入这场对话，看看她有什么好的想法呢？

　　拉其他人加入对话，这会让你处于"联系者"的状态——让你看上去知道该与谁进行交流或是谈论些什么内容。一旦第三个人加入进来，就等于你不再是会议的主导者，你只要知晓事情的发展即可，他们在讨论的时候，你就可以先把领导布置的加急工作做完。

#46 你可以说自己想要记录下这场对话

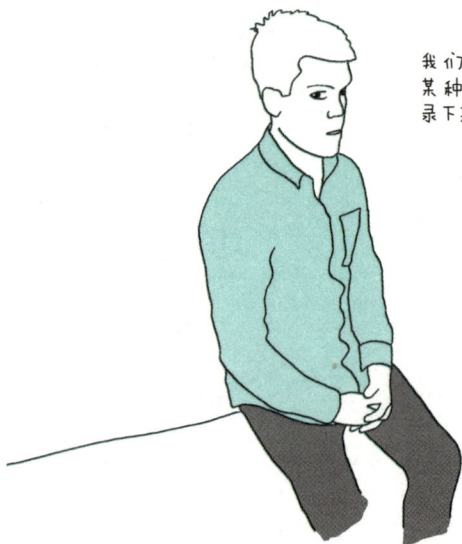

我们应该以某种方式记录下来.

　　如果你的同事开始谈论某个项目的细节，而且你知道这种讨论会占据很多的时间，那么你可以建议通过电子邮件的方式，因为这样的话，你们的对话都可以记录下来。等你抽出时间，你要仔细检查邮件，因为他们发来的邮件可能会被其他邮件掩盖住。然后，第一时间回复邮件，并带着之前的邮件记录回复。这样你们沟通节省了彼此的时间，也没有漏掉任何细节。

#47 你可以说，虽然你正在打字，但你依然在认真聆听

没关系，我正在听呢。

有些会议是突发的，你可能正在忙着某事，却又不得不参加会议。你在用笔记本电脑解决重要的事情时，也需要时不时停下来，看着会议讲述人，然后不时插入"嗯嗯"或是"嗯哼"等话语，得到回应会让讲述人发挥得更好，他的发挥直接影响到会议的效率。你同时处理多重任务的能力必然会给同事留下深刻的印象。

#48 你可以要求看看数据

为什么你不给我传来一些数据呢？

　　你要为自己做出"基于数据"的决策感到骄傲，在每次会谈继续深入之前，可以要求看看数据。如果你的同事手头有这样的数据，你可以要求他给予你更加详尽的资料。如果他手头的确有更多的数据，你可以让他对此进行一番总结。如果他手头的数据即将过时，那么，你可以要求他提供最新的一些数据。

虽然这是一个严肃的会议，但如何让这个会议看上去不像一个严肃的会议

　　让开会时间没有那么难熬的一个方法，就是要想尽一切办法让与会者认为这不是一次会议。当然啦，每个人还是会知道这是如假包换的会议，但是这样的小技巧还是会让他们期望这次会议可以有所不同，取得更好的成果或是更有趣。

　　但你们可能会说，可是，萨拉，难道当与会者明白这只是另一种会议的时候，他们不会感到更加失望吗？没错，他们的确会感到更加失望。

　　下面3个小技巧可以帮助你，让你的会议不像一个严肃的会议，虽然这的确是一个严肃的会议。

1. 你可以用其他名称来代替会议

当你安排一次会议的时候，使用其他名称来代替"会议"一词是很不错的想法。你可以用不同的名称指代一次会议，让同事们不会那么强烈地感觉到这是一次会议。下面这些有趣的名称都是你可以用来代替"会议"一词的：

·聚会	·脑洞大开时间	·大脑节	·喝茶时间
·办公室时间	·集会	·转一圈	·见个面
·站立聊天	·论坛	·重新开始	·市政大会
·商谈	·法定大会	·签到	
·脉搏测试	·峰会	·跟进	
·有趣时间	·见耶稣的时间	·感谢上帝的时间	

2. 你可以给会议室起一些有趣的名字

给会议室起有趣名字的做法可以追溯到 1976 年，当时这样做没有取得什么效果。倘若我们只是为会议室选择一个有趣的主题，而所有参加会议的人却感觉不到有趣的话，那么这样做会适得其反。

下面一些会议室主题是你可以参考借鉴的：

·你永远都无法实现的远大目标： 独一无二、时间旅行、尊重我的父亲、收益。

·你想要与比绝大多数人聪明的天才合作： 比如爱因斯坦、柏拉图与巴斯米。

- **团队品质**：缺乏职业奉献精神，不愿承担责任，对结果漠不关心。
- **各种流行词语的大杂烩**：游戏改变者、破坏者、优步等名词。

3. 制定有趣的会议流程

你可以制定有趣的会议流程，让与会者都能从中得到一些乐趣。这些流程可以是你如何开始一场会议，你们是坐着开会还是站着开会，谁在这次会议中掌控大局等。

- 一开始，每个人都可以对这周的计划进行分享。
- 每周让不同的人主持这次会议。
- 颁发"每周最佳"奖项。
- 会议开始前，进行 3 分钟的沉思冥想。
- 坐在一张懒人沙发上。
- 向某人提出一个问题，用玩具枪对着他。
- 轮到谁发言，"发言卡"就传递给谁。
- 会议结束的时候，大家进行一次神秘的握手。

陈述

如何在不说太多话的情况下，征服其他人的心

　　陈述成功的关键，并不是让你在同事面前出尽洋相。对一些人来说，这意味着许多的训练与认真细致的准备。对那些不愿意花费心神这样做的人，意味着只需要遵循下面这 12 条技巧。

#49 一开始说出一个让人震惊的事实

我不认识我的父亲.

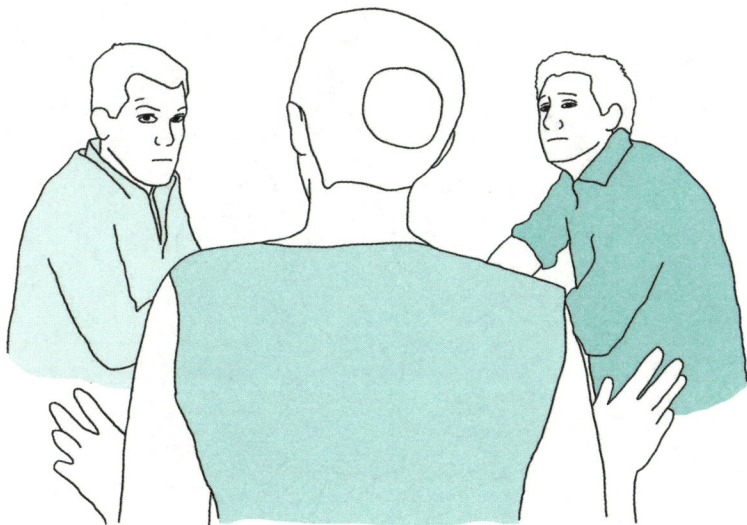

　　在陈述的时候，你可以首先说一些给人留下深刻印象的话，这可以是你从别人那里听来的个人故事，或是一些令人震惊的事实。这在一两分钟内会完全吸引住与会者的专注力，他们在这次会议接下来的时间里都会思考你一开始所说的话。

#50 一手握着笔，一手拿着纸

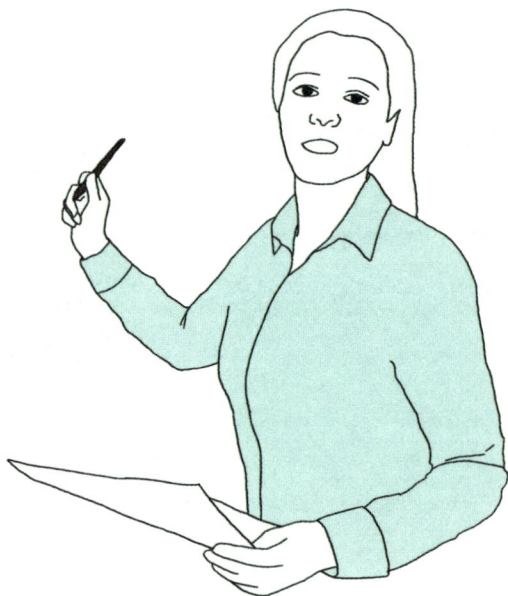

在会议上陈述的时候，你要确保自己手上始终拿着一些东西，可以是一支笔、几张纸，或是纸笔兼用。这会让你显得足够重视这次会议，让你有工具可以指向某些东西。同时，这也可以让你轻易地迅速记下笔记。

#51 通过与其他更为成功的项目进行比较，从而引出自己的项目

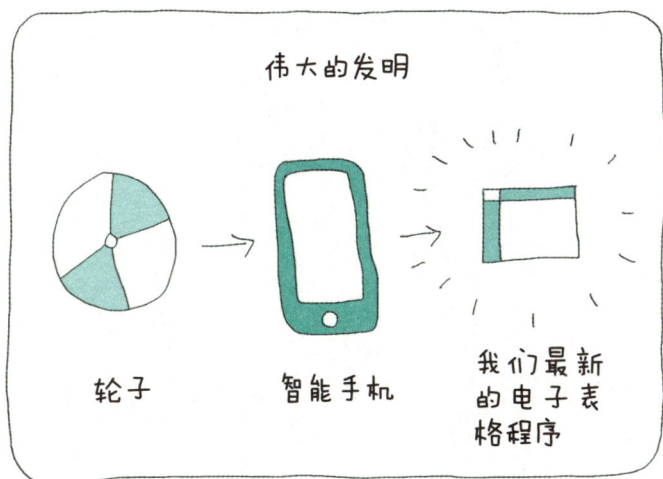

让你的陈述内容显得重要的一个简单方法，就是将自己要介绍的项目放在一连串已经取得成功的项目后面。你可以谈论轮子、电力、内燃机、苹果手机或是隔夜航运等成功的项目。然后，你可以说自己要谈论的项目，正是跟随着这些不可思议的发明的足迹，要说得诚恳一些。

#52 你可以说希望这次陈述的互动性更强一些

要是你有什么想法或是问题，随时都可以打断我。

在陈述过程中，你要允许听众在任何时候打断你，这是让你的陈述避免枯燥的一个有效的方法。特别是当你发现听众开始走神、犯困的时候，这就显得特别有用。你可以提出以下这些开放式的问题，比如："你们想要听到关于哪方面的内容呢？"或是你可以指向某个具体的人，说："珍娜，你对我们公司去年的营收状况有什么看法？"当听众做出了一些反馈之后，你可以靠着墙壁，微微点头，然后环视会议室里的人，接着问："其他人还有问题吗？"

#53 在每个幻灯片上只写下一个词

激情

　　在你设计幻灯片的时候，尽量避免上面有太多的文字，有时候只需要在每张幻灯片的中间放一个粗体的词。这可以是黑色背景下的白色字体，也可以是黑色字体放在浅色的背景下，或是白色字体放在半透明的田野上。你可以大声地说出这个词语，然后看看与会者，说："就这个词，我们可以进行以下内容的展开。"这样比密密麻麻的文字更容易让与会者记住这次会议的关键词，主要是太多的文字他们也看不见。

#54 要求某人帮你控制幻灯片

是的，你只需要打开这个文件，然后想办法去演示……

要求某人帮你控制幻灯片的进度，之后，你可以说这样的话："请放下一张幻灯片。""往回倒几张幻灯片。""珍妮特，请跟上我陈述的节奏。"

你可以站起来，走到前面做陈述，这会让你发挥得更自然，大家的注意力也会集中到你身上。

#55 在继续陈述前，询问他们你是否可以这样做

我现在可以接着讲吗？我是否讲得太快了？大家同意我接着讲吗？

　　没有比"我是否可以接着讲"这种做法更让你快速拉近和听众的关系了，如果你讲得风趣幽默，那就更可以加分了。你可以恳求听众给予你口头上的肯定答复，决定你是否接着讲。当你面向所有人说这话的时候，记得要露出亲切的笑容。接着，你可以暂停一下，说："请看下一张幻灯片。"

#56 跳过几张幻灯片

哦，是的，我们可以跳过这张幻灯片，也可以跳过这张幻灯片。等等，往回放一张。看错了，跳过这一张。

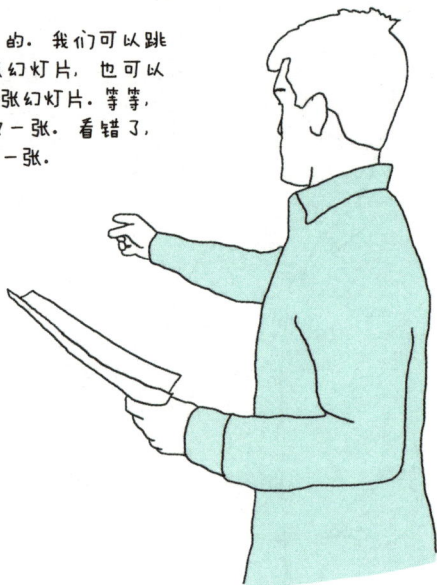

你可以使用为之前陈述准备好的幻灯片，可以多准备一些，讲述的时候可以随时调整。在陈述时，你可以迅速跳过几张幻灯片，对大家说："哦，我们可以跳过这几张幻灯片。"或者你可以说："如果待会儿还有时间，我们可以回头看看那几张幻灯片。"你的同事肯定会认为你为此耗费了许多时间，为这次陈述做了充分的准备，也会感激你节省了大家的时间。

#57 在你回答每个问题时，可以说 "这是一个非常好的问题"

这是一个非常好的问题，我之后会谈到这个问题.

赞美提问者提出的问题，这不仅会让你看上去是一位慷慨大度的陈述者，还能让你有时间想出更好的回答这个问题的方法。在你对这个好问题进行了一番赞美之后，即便当你说"如果你们继续聆听下去的话，你们将会知道答案""让我在最后的时候回答你这个问题"或是"让我们在会议后再跟进你的这个问题"时，也没有人会在意的。

#58 当一位副总裁发表了见解的时候，你可以停下之前的陈述，将他的话记录下来

托德，你的这个想法不错，让我先记录下来。

当副总裁或是其他高管发表某个见解的时候，你要立即停下之前的陈述，将他的话记录下来。你可以说："希拉，你说得对。让我记录下来。"如果他们的见解正确，你一定要接受并修改方案，如果你觉得是错误的，也不要当面争论，可以再找个时间与领导讨论。

#59 你可以坐在桌子边

我知道道格肯定也会同意我的说法.

　　如果这场会议不是很严肃，也没有高管在场，你可以坐在会议桌的边缘位置，这会让你显得更加放松自在。你可以点出某个人的名字，然后直接跟他说话。然后，你可以看着远方，似乎你正在思考着某些事情。你肯定会给听众留下深刻的印象。

#60 你可以要求听众想出一些关键的重点

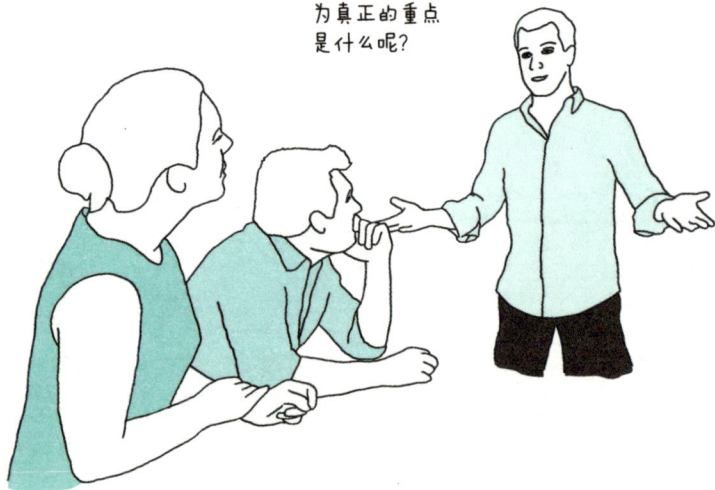

现在，你们认为真正的重点是什么呢？

　　任何一场成功的会议陈述都会以关键的重点作为总结，但是聪明的陈述者会询问听众，他们认为真正的重点到底是什么。千万不要担心一开始出现的尴尬局面。如果会议室里一片安静，你只需要随机点某个人的名字，然后认真听他的讲述，并将你认为对的部分重复，然后鼓励大家记录下来。

参加会议带上"小抄"

解释每个人所说的话

这件事不在我的日程表上	=	我将这件事从日程表上删除了
这件事应给予恰当的关注	=	我已经完全忘了这件事
让我们做出一个表格来	=	这是我听说过的最愚蠢的事情
你能再说一遍吗	=	我没有听清
关于你之前提到的点	=	我正在赞美你呢
也就是说	=	我们还是没有任何改变
让我们简化这个流程	=	让我们永远谈论这个问题
这实在太简单了	=	我不想思考这个问题

肯定是的	=	也许不是这样的
我能提出一个小问题吗	=	我们要花一些时间在这件事上
很高兴进行如此深入的讨论	=	以后再也不要提出这个问题了
相关的一些疑问	=	我希望换一个话题
感谢你提出了这个问题	=	你会为提出这个问题感到后悔的
我觉得还不错	=	我根本不知道你到底在说啥
让我们找些相关数据	=	我肯定是你错了
我会尽全力去做的	=	我根本懒得去做
我们之后再回头看看吧	=	我想要结束这个话题
我会跟进这个问题的	=	你永远都不会收到我的消息或是见到我了

如何作为团队里具有
创造力的人

在头脑风暴式会议里，想出一些让人觉得不可思议的新点子所带来的压力是巨大的。幸运的是，绝大多数公司最不需要的就是新点子。在这些毫无意义的会议里，你要想办法通过自身的存在，让其他人的想法似乎是源于你的想法，通过对整个过程的效率进行质疑，让自己看上去像一位真正的领袖。这就是你在头脑风暴式会议上展现自己的方法。下面这 12 条技巧可以帮你做到这点。

#61 离开会议室拿点水，同时询问大家是否需要什么东西

大家需要什么东西吗？矿泉水？零食？咖啡？茶水？

　　在会议开始之前，你可以站起身，询问大家是否需要什么东西。大家肯定会觉得你是一个体贴、充满善意与友好的人。即便大家都不需要什么，你在回到会议室的时候还是可以带回几瓶矿泉水、苏打水或是零食。你的同事会觉得，既然你都带来了这些东西，那么有必要喝点水或是吃点零食之类的东西。这时，会议会变得极为轻松，大家也会认为你情商很高，做事情很周到。

#62 找来一沓便利贴，然后在上面画画

　　在会议准备讨论某些问题的时候，你可以找来几张便利贴，然后在上面画一些简单的流程图之类的图。你的同事会不解地朝你这边看过来，想着在会议要讨论的主题都还不知道是什么的时候，你就想出了这么多的点子。当然，你必须真的有些准备才可以。

#63 做一个非常简单的类比，但听上去又显得很深奥

当每个人都尝试去定义一个问题的时候，你可以拿烘焙蛋糕或是一件与讨论的问题毫不相关的事情进行类比。你的同事会点点头表示同意，因为你的类比让你们讨论的问题更具象化了，而且每个人都能抓到你的点。当你的类比让他们频频点头，露出微笑的时候，会让你显得超乎常人，具有强大的创意。

#64 你可以质疑"我们是否提出了正确的问题"

难道我们不应该质疑这是不是正确的提问方式吗?

　　当别人向你发问，而且明显是偏离主题了，你可以质疑他的问题的正确性。如果某人反过来问你什么才是正确的问题时，你需要列举出一些核心问题，然后把会议拉回到主题上。

#65 使用成语

我们是文过饰非.

　　在提出问题的时候，使用成语是明智且微妙的方式。你可以选择下面一些成语进行提问：

- ·这样做是不是有点画蛇添足呢?
- ·这样做难道不是自欺欺人吗?
- ·看来我们这样做是文过饰非啊!

#66 培养一个奇特且具有创意的习惯，声称这"能让你的创意不断涌流"

　　你可以培养一个"有助于你思考"或是"让你的创意不断涌流"的奇特习惯。你可以画一个思维导图，在地板上冥想沉思，在会议室的窗户前眺望对面的大厦，用手指对着空气做出打鼓的样子，站在书架前翻看每一本书。灵感总是会乍现，做一些可以发散思维的事情，总好过一直呆坐在会议桌前。即便你最后没有想出什么好点子，你的同事也看到了你的努力。

如何从战略高度"否决"自己的一些小想法

资料来源：thecooperreview.com

你是否希望自己的一些小想法能得到重视，好让你的同事认为你是一个有深刻思想的人或是一名规则创造者呢？

你可以使用下面这些话语：

· 但是，这怎么会造成破坏性的影响呢？
· 这不是会出现10倍以上的增速吗？
· 这是否代表着未来的发展趋势呢？
· 我认为之前的道路行不通了。
· 什么才是大获全胜呢？
· 难道苹果公司不正是这样做的吗？

如何从战略高度"否决"自己的一些大想法

资料来源：thecooperreview.com

你是否希望自己的一些大想法能得到上级的重视，好让他们知道你非常在乎公司所提供的资源呢？

你可以使用下面这些话语：

- 这是否会带来太大的破坏性影响呢？
- 这该怎么与我们的路线图形成一致呢？
- 这看上去就是我们的一个中心点。
- 难道这样做不是毫无成功的希望吗？
- 难道这不是在我们的业务范围之外吗？
- 但你们怎样才能进行测验呢？
- 这能在国际市场上占有一席之地吗？

#67 你可以说自己认为首席执行官会怎么回应

这应该是梅丽莎会喜欢的点子。

你在回答别人提问的时候，可以说你认为首席执行官会怎么回应这个想法，从而让你的同事认为你与首席执行官之间有着紧密的关系。你可以说在下次会议的时候，首席执行官会让你主持这样的会议。你要祝贺大家想出了首席执行官希望看到的点子。这样做的好处就是，大家会格外重视这次会议，没有人会想着蒙混过关，此次会议效率将是最高的。

#68 如果某人提出了一个不错的想法，你可以问一些具体的问题

你的想法很
赞，那么接
下来……

如果某人想出了一个大家都认为不错的点子，你可以赞同他，然后就这个点子问一些具体的问题。大家在惊叹你反应如此迅速之时，也会对你的专业性表示敬佩。最重要的是，你们的项目将会快速完成。

#69 当一个想法具有潜在的可行性时，你要保持冷静

这听上去是一个不错的主意……但是如果实际上不是这样呢？

　　当一个想法具有潜在的可行性，大家正在为此雀跃的时候，你要时刻保持冷静。你可以从大家都假定的立场出发，然后提出一些问题。接着，你可以说，我们需要再规划得详细一些。你的同事会认为，你比其他人对这个问题有着更加深入的思考，会为你愿意在接下来的 3 个小时里继续讨论这个问题的能力表示折服。

#70 你可以质问"我们是否正创造出正确的框架、平台或是模型"

我们需要搭建
一个平台.

　　当你提出先进的框架、思维模式或是如何创造一个平台时，就会显得比其他人进行了更加深入的思考，即便你可能还有些糊涂。你提出的这些问题很可能会影响在场每个人的思想，你得到了会议的主控权，大家会畅所欲言，你也会从中受益，厘清自己的思路。

#71 当大家似乎都喜欢一个点子的时候，你可以大声地说："那就这样干吧！"

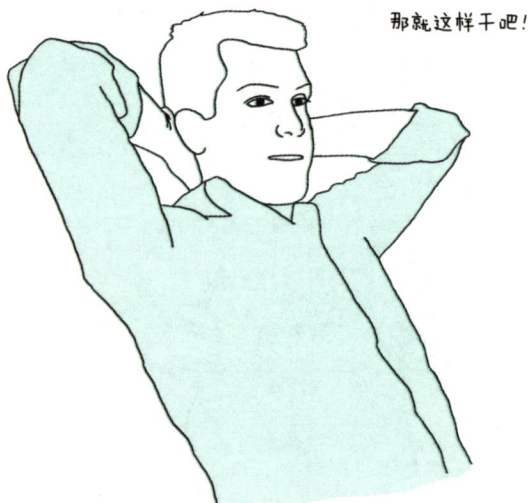

那就这样干吧！

　　要是大家在开会时对某个想法或是行动方向感到特别兴奋的时候，你就应该成为第一个大声说出"那就这样干吧！"的人。是的，你这样有趣的说法会让大家笑起来。但这样做表明了你在会议上具有一些权威，让别人觉得你似乎有做出最终决定的权限，即使你根本没有这样的权限。

#72 在会议结束的时候，用手机将大家提出的想法拍下来

　　在会议结束后，你可以留下来，用手机对着白板、软木板、黑板或是其他任何板上的文字拍照。之后，你可以通过电子邮件将这些图片发给参加这次会议的人，感谢他们进行了一场富有成果的对话。

NEXT
STEPS

THREE

下一步

* 会议室的剧本；离开会议室
* 交际活动：面对你之后再也不会见到的人，你该怎样与他们建立联系
* 在参加社交活动时，你该做出怎样的手部动作
* 现实的团队建设：加入公司的文化俱乐部
* 历史上的著名会议
* 高级的会议能力会让你得到提拔（或是遭到解雇）
* 商务晚宴：如何在不自然的社交场合表现优秀

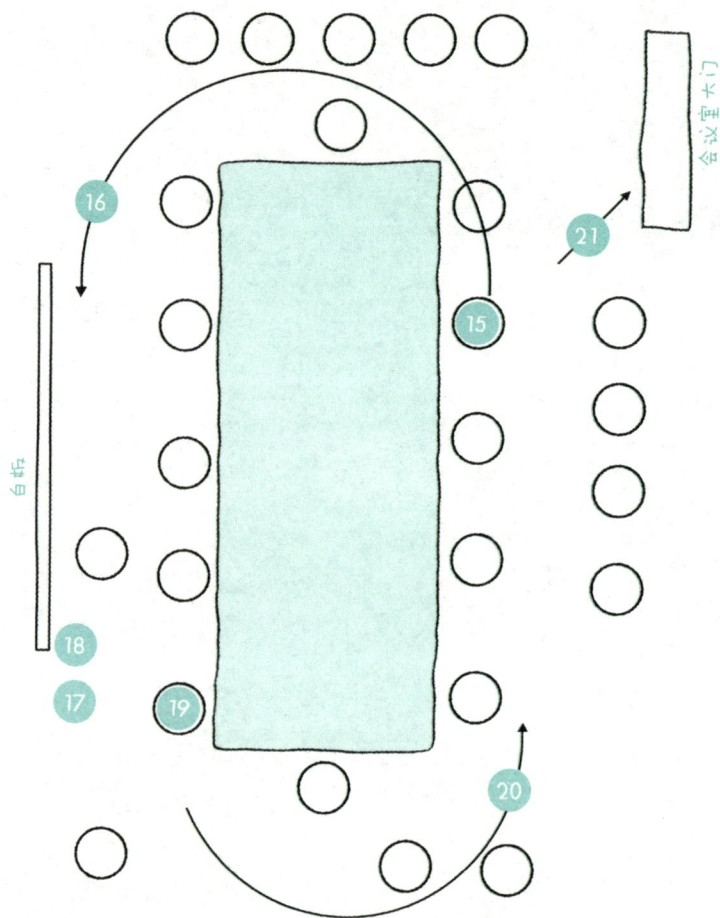

离开会议室

会议的最后 20 分钟是一个关键时间点，因为这是确保与会者在离开会议室之后能否记住你在会上做出贡献的关键。虽然你并没有在会上做出太大贡献，但你可以使用下面这些会议"终极大杀招"，让他们认为你的确为这次会议做出了重大贡献。

15. 你在笔记本上记录的时候，用力地点头。（详见 #4）

16. 你可以在白板上写下"路线图"这个词语，然后画一个正方形包围这个词语。（详见白板策略）

17. 你可以靠着墙，质疑："我们的想法还不够深入。"

18. 你可以以烘焙蛋糕做一个类比去阐述问题。（详见 #63）

19. 当某人问"我们是否已经讨论了应该讨论的问题"时，你可以回到自己的座位上，说你还有一些想法，但你之后会加以跟进。（详见 #32）

20. 你可以叫两个人在会后留下来，与他们单独谈论一些事情。（详见 #40）

21. 找个借口离开会议室，让他们独自开会。

面对你之后再也不会 见到的人，你该怎样与他们 建立联系

在交际活动上，需要记住最重要的一点，就是不要当面得罪别人。

绝大多数人都讨厌交际活动。不过，我却将这样的活动视为在从不相识且以后再不愿意见面的人面前，展现个人影响力与交际能力的绝好机会。从你的名牌到与人握手，再到你对别人的生活感兴趣，交际活动的每个部分都是很重要的。

当你不得不参加这些交际活动的时候，记住下面这 10 条技巧。

#73 若某人问你是做什么的，你可以使用诸如"专利发明""技术"或是"兴奋的"等词语

我正在研发一项遛狗的专利技术，这是一份让人兴奋的工作。

在描述你的工作职位时，你可以说是"专利发明"，或在任何工作后面加上"技术"一词，从而让无聊的口头介绍变得更有深度。你要记得说，你对自己一直以来能够从事如此让人兴奋的工作感到非常开心。

#74 不要在衣服上挂上名牌

我认为名牌没有
什么用处。

　　在社交场合中，如果你展现出"自己独特的做事方式"（也就是
我在本书里教给你们的技巧），那么你在别人眼中始终都是高明的。
其中的一条技巧就是不要在衣服上挂上名牌。当某人询问你的名牌在
哪里的时候，你可以说自己不相信名牌的作用，你认为人们应该在平
等的基础上进行交流，别人肯定无法对你这样的说法进行反驳。

#75 当某人谈起你之前从未听说过的事情时，你要点头表示认同

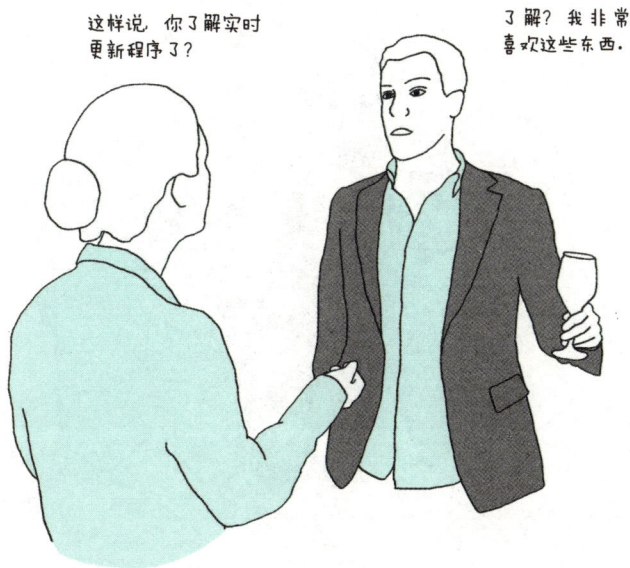

这样说，你了解实时更新程序了？

了解？我非常喜欢这些东西。

　　当某人谈论你从未听说过的一个应用程序、一本书或是某个人的时候，你要点头表示认同。如果他们让你谈论你对这个应用程序、这本书或是这个人的看法时，你可以说一些笼统的话，表示自己不确定这是否处在正确的平台上，或者说这样的概念是模糊的，或是你认为某人的握手非常有力。接着，你可以随便借口去拿一杯酒，暂时避开这个人。

#76 当其他人在喝酒的时候，你也要跟着喝酒

　　当与你谈话的人正在喝酒时，你也要跟着喝酒。这是让别人知道你融入其中的一个微妙的暗示。这还表示，没有人期望你去打破彼此间尴尬的沉默气氛。

#77 你可以说你来这里，是为了拓展你的人际关系网

我喜欢不断拓展我的
人际关系网。

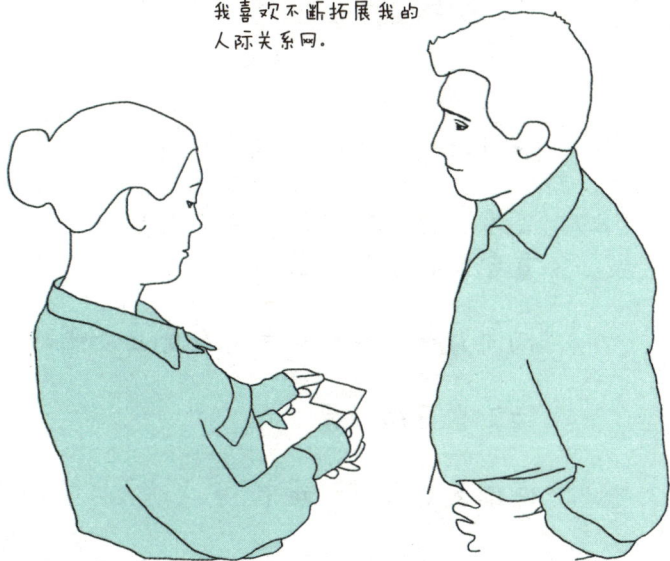

你要让别人知道你来这里，是要拓展你的人际关系网。这样说表明你之前已经建立了自己的人际关系网，你来这里只是为了让你的人际关系网比之前更广一些。你可以使用电脑科学的一些术语比喻你的人际关系。你可以谈论你人际关系网的节点与纽带，说你是如何希望能够弥合防火墙造成的信息鸿沟，希望能让所有的信息都可以自由流动。

在社交活动上，我们的时间
都用在什么地方了？

资料来源：thecooperreview.com

33%　避免与在场所有人进行交流

23%　表示自己不需要排队等着与某位
　　　重要人物进行交流

85%　询问为什么这个地方没有营业的酒吧

45%　矫正自己的错误

99%　说你之前读过那本书

82%　希望你此时此刻待在家里看网飞公司
　　　的电视节目

90%　站在一群正在谈话与大笑的人旁边，
　　　想着怎样才能被他们接纳

#78 介绍别人的时候，要表现得你好像已经认识他们

我很高兴介绍你们两人认识。

当你有机会去介绍两个互不认识的人相识时，你可以对他们两人之前竟然不认识对方的事实表现得夸张一些。你可以这样说："我真不敢相信你之前不认识德文！"或是："你之前怎么会不认识艾莉森呢？"你的同事肯定会觉得有必要感谢你介绍他们认识，并向他们的朋友说正是你介绍他们认识的，他们会认为你是社交场合的老手。

#79 当某人问你要一张名片时，你可以说自己可能只剩下最后一张了

糟糕，我可能将所有的名片都派出去了。

当别人问你要名片的时候，你可以说自己可能已经将所有名片都派出去了，但你最后还是找到了一张名片递给对方。这会让别人觉得，你已经完成了许多重要的社交活动。这还会让别人觉得，你给他的这一张名片就是你身上的最后一张名片了，因此他可能不会立即就将你的名片扔到垃圾桶里。

#80 让别人讲讲他们的故事

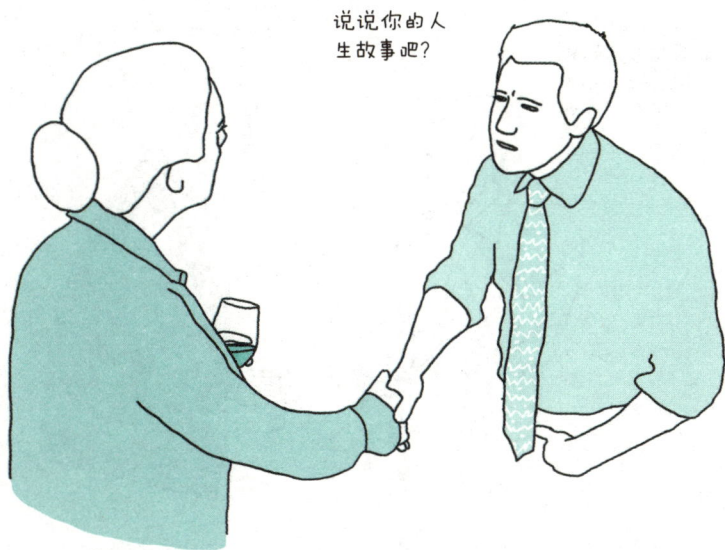

说说你的人生故事吧？

　　永远不要直接问别人是做什么的，这样问出来很有可能会让话题在他回答后就终结了。你可以让他跟你说说他的故事，他很有可能在讲述中就将职业和职位都讲了出来。你们会有一个轻松并且亲切的谈话过程，你会给他留下高情商的印象，同时你也得到了想要的信息。

#81 如果某人询问你的具体工作是什么，你可以跟他说这是很机密的事情

我希望可以跟你多说一些，但你需要签订一份保密协议.

　　如果你不方便跟对方聊起你的工作，那么可以用一种诙谐的态度回应，比如说你的工作是"机密的""不能对外人说的"或是"不能让更多人知道"。你甚至可以开玩笑说，想要知道我具体的工作，你可能要签订一份保密协议才行。你可以表现得神秘一些，这会让你更具有魅力，当然这也会让别人认为你肯定是从事某项重要的工作。

#82 当你想要从对话中抽身出来时，你可以说有人正在别处等你

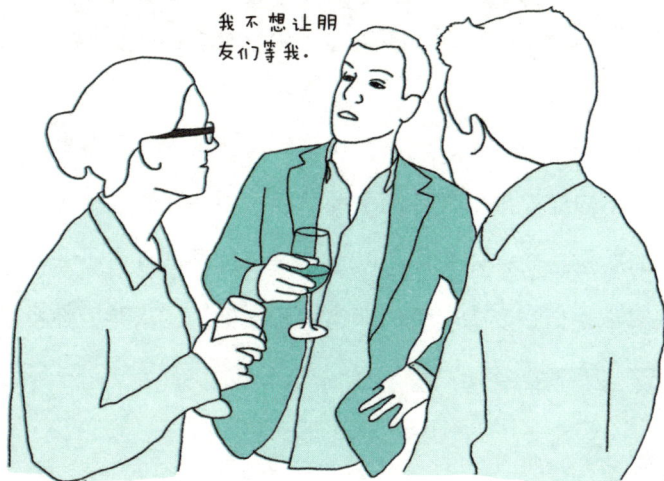

我不想让朋友们等我。

　　要想从一场毫无意义的对话中抽身出来，这从来都不是一件容易的事情，更别说在一个小时内要从18场毫无意义的对话中抽身出来。一个很好的方法，就是说有人正在别处等你。事实上，当你说出有人正在别处等你时，这本身就会给其他人留下深刻的印象。同时，你还可以说，你不想让别人等你太久。当你说出这些话之后，别人肯定会认为你是某位重要的高管。你的朋友肯定会暗地里思考到底是谁在等你过去。

在参加社交活动时，
你该做出怎样的手部动作

对绝大多数人来说，他们在社交活动上失败的首要原因，就是他们不知道该做出怎样的手部动作。即便你拥有这个世界上最有趣的职位头衔，如果你的双手总是胡乱挥动，也不会有人愿意过来跟你说话。要想避免出现这种社交活动的灾难，你可以尝试下面这些手部姿势。

1. 你可以用一只手随意地握着一杯酒，然后换到另一只手，之后再换到之前那只手。

2. 当某人问你这些酒喝起来如何时，你可以做出 OK 的手势。

3. 你可以把双手插在口袋里，这样显得你随和、不拘谨，给人很好相处的印象。

4. 你可以双手交叉放在胸前，让别人知道你是一个高冷的人，表示你是一个不苟言笑的人。

5. 你可以做出这个手势，呼叫服务员拿来一些饭前点心，向别人表明你已经完全习惯了这样的场合。

6. 你可以伸出手指，向勤杂工挥动着，这可以表明你对其他人始终是友善的。

7. 当某人跟你说他刚刚搬回与父母一起居住的时候，你可以用手捂着嘴，做出惊讶的表情。

8. 你可以拿出信用卡，让别人知道是你为前几轮的酒水买的单。

9. 你可以将夹克衫平放在一只手上，这会让别人心想你为什么不将这件衣服放在衣帽间里。

10. 这个深沉反思的手势，表明你是一个具有反思精神的人。

11. 你可以双手交叉，放在后背上，同时慢悠悠地走来走去，沉默地观察着在场的每个人。

12. 当你聆听着别人谈论一些商业计划时，你可以若有所思地调整一下眼镜。

13. 谁能得到两个大拇指，并且喜欢这些会议呢？就是这个家伙！

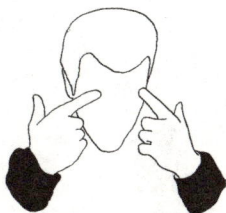

14. 你可以用手指整理一下自己的眉毛，表明你注重整洁的外在形象。

15. 你可以使用这个手势，让别人重说一遍他的创业公司获得的投资数额。

16. 你对与你一起喝酒的人开玩笑说，你希望与他一起参加空手道比赛，即便你并不对空手道感兴趣。

17. 打哈欠可能会被视为粗鲁无礼的表现，但你可以说自己刚刚忙完一个通宵，有点疲惫而已，绝对不是对谈话感到无聊。

18. 当大家都不对每个人衣服的名牌上写着"副总裁"的情况感到奇怪的时候，你可以做出用手指挠头的举动。

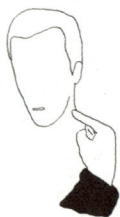

19. 当你看到某个你不想与之交谈的人走过来的时候，你可以大口吃食物，然后用手指指着嘴巴。

20. 你可以随意地将拇指越过肩膀，告诉大家你很快就会加入他们的谈话。

21. 用手指在空气中敲打着，向大家表明你是一个有音乐天赋的人。即便事实上，你根本没有。

加入公司的文化俱乐部

　　要想在现实的团队建设中表现优秀，你必须要在身和心两个方面做好充分的准备。当下，虽然大多数的团队建设活动都不包括传统意义上的"信任跌倒"等游戏，但你可能还是要学会让一根铜条在空中飘浮起来的魔术，与别人玩一场即兴游戏，或是显示出你真的与团队成员关系融洽。

　　这意味着你要向别人表明，你在不断成长，学到了许多知识，鼓励别人与你一道在未来更好地成长与发展。

#83 穿跑步服装或瑜伽裤

你可以穿上瑜伽套装、跑步鞋、举重运动衫或是网球服。在活动开始之前，你可以做一些舒展关节的热身活动，这会让别人认为你一直都有运动的习惯。温馨提示：当你在运动一个小时之后感到累了，穿着瑜伽裤小睡一下也是美滋滋的。

#84 说你希望你们每天都能这样做

我希望我们每天
都能这样做.

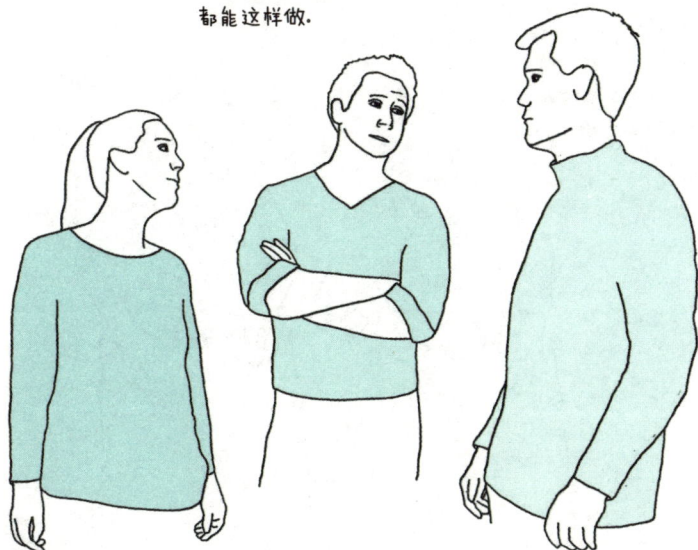

即便你在一家酒店的会议室，累得想在桌子底下睡觉，但在这样的场所见到同事，你也不要把负能量传递给别人，要展露出积极、兴奋的状态，哪怕你回到房间倒头就睡。

#85 用含糊的话语比喻现在的活动与你们团队面临的问题之间的联系

这让我想起了每个季度末大家疯狂赶工作进度的时候。

说得没错.

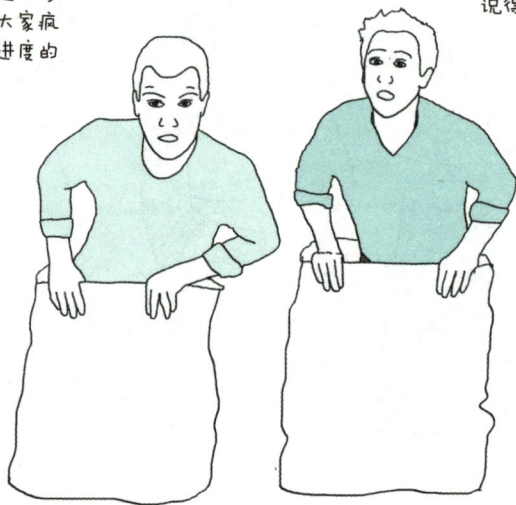

玩拔河比赛？你可以将这样的比赛与你们争夺内部资源的竞争进行比较。想进行人肉盾牌的游戏？你可以说，自己经常感觉到公司没有给予足够的保障。解决一个数学字谜？你可以说自己是多么讨厌数学。你可以将乏味的游戏与你们的团队联系起来，这会让你在别人眼中是一个具有深刻思想的人。

#86 你可以思考如何将这些
活动融入内部会议中

我希望我们能将这些想法融入日常的内部会议中。

　　你可以说这些活动是多么有趣，每个人都共同合作去做好一件事。接着，你可以这样问："我们该怎样将这样的合作精神融入日常的工作当中呢？"你希望每个人都能在日后的工作中反思这个问题。

#87 你可以进行一下"能量检查"

大家的能量状况处在什么等级?

在午餐之后,你可以询问一下大家的能量等级,表示自己希望能更好地管理大家的能量。让每个人都明白,拥有充沛的能量是重要的。如果我们的身心能量不足的话,就应该去做一些恢复能量的运动训练。

#88 偶尔说几句打气的话

好样的！团队加油！

　　你偶尔可以说出"好样的！"或是"团队加油！"等话语。你表现出来的热情会让你看上去是一位热情洋溢的团队成员。

#89 你可以说你多么欣赏你的同事，说的时候要用赞美的口吻

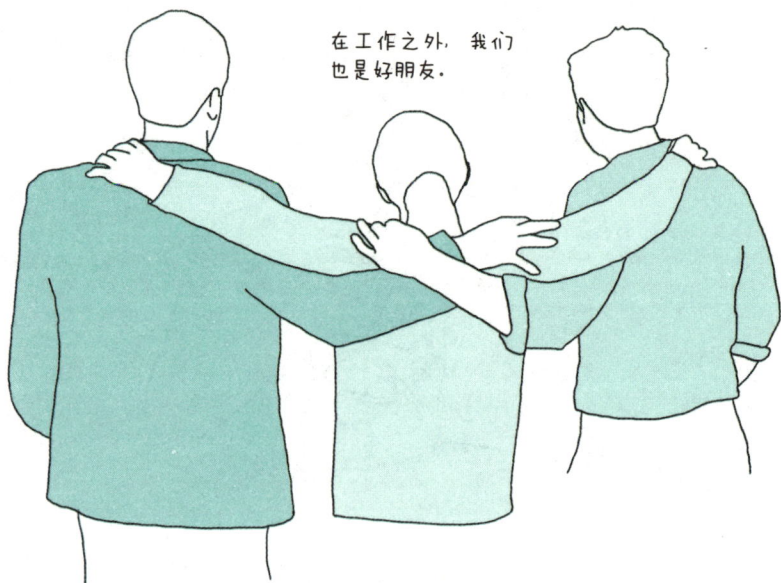

在工作之外，我们也是好朋友。

即便你知道你的同事在平日的工作中是消极倦怠的，当你见到他们的时候，也要表现出对他们的欣赏之情，表示自己能与他们一起工作是一件非常酷的事情。这会让你的同事感觉自己很特别，认为你关心他们。

#90 大家一起击掌

    完成一次会议之后，让团队成员互相拥抱或是一起击掌。接着，你可以说这项工作的组织流程给你留下了深刻的印象，你恳求大家能给予组织者热烈的掌声。

历史上的著名会议

　　我们能从历史上那些最著名的会议中学到什么呢？你可以从这些著名会议中汲取更多的经验，带领你的团队走向成功，让你表现自身高明的能力穿越时空。

埃及金字塔
（公元前 2630 年）

你能想象去做一个只有在你去世之后才能去评判是否取得成功的项目吗？古代的埃及人就是这样做的。他们建造金字塔表现出来的杰出才华穿越了千年的历史，直到今天仍在如何制订季度计划方面给予我们许多启迪。

特洛伊木马
（公元前 1190 年）

古希腊人在无计可施的情况下，假装放弃了对特洛伊的进攻，暗地里却让士兵躲藏在一个巨大的木马里。不用说，当这个想法一开始提出来的时候，每个人都认为这是荒诞不经的——如果这个计划不成功的话，那么某人肯定要失业了。

最后的晚餐
（公元 33 年 4 月 1 日，
周三）

你可能认为你是唯一在周三不得不参加商务晚宴的人？耶稣是那个时代的高管，他希望得到首席执行官的同意，举办一场盛大的晚宴。没过多久，他就被擢升到了最高的职位。

圆桌会议的骑士
（公元 450 年）

亚瑟王的桌子之所以是圆的，是因为每个坐在桌子前的人都有着相同的权力。当代的硅谷也开始玩合弄制这样的游戏。根据史料，古人早就这样玩了，而且还取得了不俗的成果。

西斯廷大教堂
（1508 年 5 月 10 日）

即便在当代，要想找到负责任的承包商也不是一件容易的事情。在 1508 年，则更不容易。教会花了七年时间才说服米开朗琪罗同意参与建设教堂的事情。米开朗琪罗花了 11 年才完成这个项目。幸运的是，他始终给当时的人提供一些及时的反馈，让大家专注于宏大的建设规划。

女性选举权
（1756 年）

终于，一位名叫莉迪亚·塔夫特的女性在马萨诸塞州厄克斯桥的城镇会议上获得了投票权。在当时的会议上，这是女性取得的第一次胜利。在当今世界各地，只有女性保持着微笑，同意大家所说的话，她们的发言才会得到鼓励。

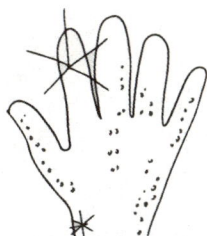

第二次大陆
会议
（1776 年）

在当时的临时政府里，
没有谁有真正的权力可
以做任何事，但他们还
是顶着压力去做，并且
做成了。这是历史上一
个团队做出"先斩后奏"
决定的较早的例子。现
在，谷歌公司也允许员
工在他们每周 60 个小时
的工作时间之外，抽出
"百分之二十的时间"
去做他们想做的事情。

五大家族的
会议
（1931 年）

纽约五大家族的第一次
会议，就黑手党的行为
准则达成了共识。这应
该是当今"贝宝黑帮"（指
皮特·蒂尔）的祖师爷。
不过，真正的英雄却是
幕后负责统筹的人。在
那个时代，要想让这些
黑手党的大佬在同一个
晚上坐下来开会，这样
的安排要比让一具尸体
漂浮在河流上困难10倍。

录制《天下一
家》这首歌
（1985 年 1 月 28 日）

如果你能让所有自认为
是"摇滚巨星"的人通
宵达旦去录制一首歌，
那么你就感受到了当年
录制《天下一家》这首
歌的困难之处了。感谢
这个团队的出色工作，
这些摇滚巨星都放下了
他们的傲慢。（因为录
音棚的大门处贴着一张
告示："请将你们的傲
慢留在门外。"）

高级的会议能力会让你得到
提拔（或是遭到解雇）

你们中小部分人可能已经掌握了在会议中表现自己优秀的技巧了，并可能因此获得了多次的提拔。对大多数已经花费 15,000 个小时参加会议的中层管理人员来说，这就是他们职业晋升的必经之路。但是，接下来的 15,000 个小时呢？为了解答你们的疑问，你们需要继续学习一些高级的技巧。

你可以从商界这些最具权势的领袖所经历的一些故事（未经证实）中得到一些启发，更好地在开会时展现自己的才华。

在跳伞的时候进行电话会议

大伙，很对不起啊。我正在你们头顶上 10,000 英尺高的地方。

在 2012 年夏天，一家著名科技公司的高管乘坐直升机，在他们公司举办会议的会议中心上空盘旋。接着，他从直升机上跳下来。这样的出场方式让之前所有的视频会议都黯然失色。

在开会时，只给你一人端上食物

旧金山一些高管从来不在办公室里开会。他们会邀请团队成员到他那栋面朝大海的别墅开会，坐在他宽敞明亮的餐厅里。他的私人厨师只给他一个人端上了饭菜，而其他人则饿着肚子给他进行一周汇报。

带上你的按摩师

另一家著名技术公司的某位高管则是一边按摩，一边参加会议。他说这样做有助于"做出更为合理的决策"。他与按摩师一起来到会议室，按摩师带着按摩椅，他一边享受按摩师的按摩，一边进行会议。

安排一次持续多天的会议，集中谈论许多问题

要是能够让每个人连续 5 天留在会议室里开会进行讨论，有什么问题是不能解决的呢？你可以将这视为寻找重要思路、培养团队动力或是产品定位的良好方法。你可以让其他人去做出相关安排，负责主持这些会议，向他承诺在这个季度结束之后提拔他。

你要记住一点，会议上不理智的行为与别人认为你有多高明，这两者存在直接关系。

不过，只有当老板不可能解雇你（比如你是首席执行官或你是一场性骚扰案件的可靠目击证人）的时候，你才能尝试这些技巧。

如何在不自然的社交场合表现优秀

　　如果你的日程表上有一场商务晚宴，这意味着你正走在成为公司重要人物的道路上。此时，你不仅可以告诉你的同事，你早点下班是因为要准备参加商务晚宴，还可以告诉家人，你之所以不回家，是因为要参加一场商务晚宴。你可以对老妈说："妈，很抱歉，我今晚要参加一场商务晚宴。"

　　当你来到晚宴现场时，你需要想办法做到一点，即不要让其他人产生下次最好还是不邀请你的想法。

在商务晚宴上应该谈论
什么话题

资料来源：thecooperreview.com

可以谈论的话题	要避免谈论的话题
莱昂纳德·科恩	美国的宴会主持人
你的策划团队	宗教问题
冥想	你的"实验"
夜间助产士与白天助产士	你最喜欢的霰弹猎枪
百老汇	外星人阴谋论
如何做烤鸭	你正准备的试管婴儿
讲故事的重要性	《新泽西娇妻》这部电影
《纽约娇妻》这部连续剧	你想要实现的职业梦想
你喜欢喝蔬菜汤	你的未成年儿子最近又被捕了
你参加的三项全能运动	身体机能
太空探索技术公司	腌肉
人道救援活动	
未来的技术发展趋势	
风味烤肉	

#91 记得带上你的手提电脑包

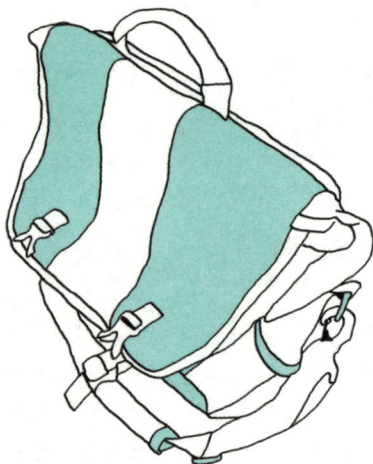

如果工作繁忙的时候记得带上你的手提电脑包参加商务晚宴，因为你可能随时需要处理一些工作上的事情，如果环境允许甚至可能让你躲开一些毫无意义的应酬。

#92 轻声对你旁边的人说话，然后笑起来

马克的裤链一
整天都没有拉
上来.

　　你可以靠近别人，然后对着他的耳朵低声地说这样的话："你是否觉得这里有点冷呢？""烘焙面包卷放在哪里呢？""你知道这次晚宴什么时候才会结束吗？"有时候低声轻语，可以拉近彼此的关系，让对方对你产生亲切感。但是要记住，不要做得太过火，不然人家可能会指责你这是骚扰。

#93 让服务员推荐一个菜式，然后点菜单上没有的菜式

我推荐牛排.

好吧. 你能给我来一份日式照烧鲑鱼吗?

　　寻求别人的建议会让你显得高明。但有时候你可能最终不会听取别人的建议，但是亲切礼貌地询问绝对可以给你加分。当你听到对方给你的建议时，你可以思考几秒钟，然后再做判断，如果你马上拒绝，会让所有人都很尴尬。

#94 点一杯喝的

根据你点的不同酒水,你有下面几种表现自己高明的方式。

如果你点了一杯普通的酒:你可以询问这瓶酒是什么时候打开的。这个问题会让你显得非常注重品质。

如果你点了一杯特制鸡尾酒:你可以点一杯大家都没听说过品牌的酒,这会让你在别人眼中成为一名真正的开拓者。

如果你点了一杯啤酒:如果可能的话,你要保证这杯啤酒的颜色与你的首席执行官的灵魂一样黑。

如果你点了一杯水:如果服务员给你端上了一杯白开水,你可以露出不满意的表情(详见情商计划)。

#95 你可以看着同事的眼睛，用外文说"干杯"

干杯！

你可以提醒在场的各位，如果大家在敬酒的时候不看着对方的双眼，就会面临七年之痒的"严重后果"。这会让你看上去是一个注重传统或是了解历史的人。接着，你可以用外文说"干杯"，这将会调动现场的气氛。

#96 当某人问："你对接下来一个季度感到最兴奋的是什么？"你可以说："创新。"

我对创新一直有着强烈的兴趣.

当别人问到最让你感到兴奋的事情时，你可以谈论与创新相关的话题。你可以提到你为创新技术与创新机会所做出的努力。

#97 主动推荐某人讲话

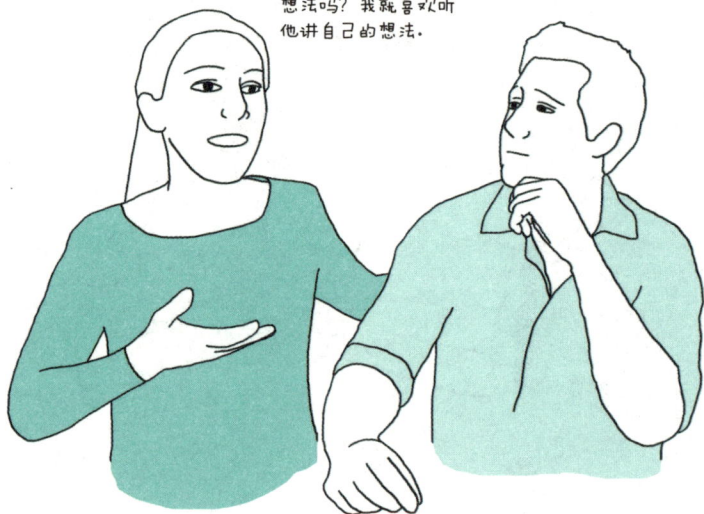

你们不想听听鲍勃的
想法吗？我就喜欢听
他讲自己的想法。

主动推荐会议桌上资格最老的人发表讲话，谈论有关未来的走向。如果你是在场资格最老的人，你可以主动让刚入职的员工谈论他最喜欢这个新团队的地方。

#98 告诉某人他说了一个不错的点子，
然后拿出手机记录下来

你说得很好，让我
记录下来……

当你的同事讲了他认为很有意思的点子时，你可以点头表示赞同，并说你不愿意忘记这么好的见解。你可以拿出手机，进行记录。这会让你显得有权力去做他所说的任何计划。这还能让你有机会在不唐突的情况下查看手机的信息。

#99 建议大家换位置坐

大家换位置坐
一下怎样?

　　在晚宴餐桌上，你只能整个晚上与你身旁的那一两个人聊天。你可以提出大家换座位坐，让大家都有聊天的机会。这会让你显得注重大家的友情，也可以让你避免与人进行太深入的对话。

#100 你可以说："那个明天再说吧。"

为什么你不等到明天再说呢?

如果有人谈到了与工作相关的话题，你可以让他明天再说。因为这次酒宴的氛围不大适合进行具体工作的讨论，大家可能根本不会记得他到底说了些什么，对工作的推进也毫无帮助。

在什么场合做什么事情，这始终都是正确的。

FOLLOW-UP

后续内容

工间休息是你表现自己的时候

在你没有参加某次会议的时候，你继续表现自己的高明仍是很重要的。

1. 发去一封感谢的邮件

在每次会议之后，你可以给所有与会者发去一封邮件，感谢他们抽出时间参加会议。你可以感谢会议组织者成功组织了这次会议，感谢记录员的记录工作。你可以感谢那些带来零食的人。如果没人带来零食，你可以建议他们下次记得带来零食。

2. 你可以打开笔记本电脑走来走去

你可以在笔记本电脑上安装一层防闪光屏幕，不让任何人看到你熬了几夜写出来的方案。

3. 在发送电子邮件时，记得使用"通过手机发送"的标记

在发送电子邮件时，你可以使用"通过手机发送"的标记，这会让收件人知道你并没有在工位上，而是在别处忙着或者在外出差。

4. 你可以说日程表上没有这件事

面对临时的会议，你被突然告知要去参加，你可以说这次会议不在你的日程表上，但是你可以参加，只是希望会议可以短一些，效率高一些，因为你还有别的重要事情要处理。

5. 你可以建议开会讨论

当邮件之间的对话得到了超过二十五次回复之后，对话的效率就已经下降了。此时，第一个提出要开会讨论的人就是赢家。你要成为这样的赢家，你可以建议开会讨论这些问题。

6. 你可以要求一份事后分析报告

当一个项目取消之后，你可以要求得到一份事后分析报告，分析到底哪里出现了问题。你可以说，当这份事后分析报告出炉之后，你希望马上拿过来看，好让你从错误中汲取教训。

7. 你可以抱怨自己要参加那么多会议

你可以抱怨自己总是有那么多会议要参加，但绝对不要说出具体要参加会议的次数——你只需要说别人参加多少会议，你就是他们参加会议的两倍之多，然后说这个数目就是你要参加的会议次数。

8. 你可以就一次低效会议写一份备忘录

会后，你可以写一份备忘录，表明你多么希望这些会议能够更加高效一些。

9. 与你不喜欢的同事安排一次名为"快速聊天"的会议

在会议时间安排好之后，你可以在没有任何解释的情况下拖延到最后一刻。当他问你这次会议讨论什么时，你可以说在会议上讨论某某问题。但你知道这样的会议永远都不会开的。

10. 安排一次会议，讨论减少开会的次数

让大家聚集在一个房间，讨论是否应该减少开会的次数或是减少上午或是下午开会的次数。接着，你可以说讨论超时了，留到下次会议上继续讨论这个问题。

感谢

　　我真的非常感谢每个在传统媒体、脸书、推特或是以其他方式分享这些原创内容的人，我要感谢社交媒体上的朋友们给予我一贯的支持、鼓励与反馈。我要感谢马特·埃尔斯沃斯、塔玛拉·奥尔森与大卫·毕绍等人负责帮忙审稿，改进了每一篇初稿。我要感谢克里斯蒂安·巴克斯特、苏菲·卡西与杰弗里·帕姆等人充当我的会议伙伴。我要感谢我的跳伞专家奥斯·汗的教导。我要感谢世界上最了不起的经纪人与最佳的午餐伴侣苏珊·莱霍弗（还要感谢克里斯蒂娜·哈尔卡介绍我们认识）。我要感谢世界上最有耐心的编辑帕蒂·莱斯，感谢安德鲁·麦克米尔出版公司整个团队始终支持这个项目，像家人那样对待我。我还要感谢我的姐姐夏尔曼给我发来的许多短信。我要感谢爸爸、妈妈、蕾切尔、乔治、苏斯、莱恩、泰勒、艾琳兄妹。我最感谢我的丈夫杰夫，他是一个能让我开怀大笑，让我始终充满前进动力的人，我爱你。

图书在版编目（CIP）数据

聪明人的开会技巧 /（美）萨拉·库珀
（Sarah Cooper）著；佘卓桓译 . — 长沙：湖南文艺出
版社，2019.3
书名原文：100 tricks to appear smart in
meetings
ISBN 978-7-5404-8704-1

Ⅰ.①聪… Ⅱ.①萨… ②佘… Ⅲ.①工作方法—通
俗读物 Ⅳ.① B026-49

中国版本图书馆 CIP 数据核字（2018）第 091954 号

著作权合同登记号：图字 18-2018-072
100 TRICKS TO APPEAR SMART IN MEETINGS:How to Get By Without Even Trying by Sarah Cooper
Copyright © 2016 by Sarah Cooper
Published by arrangement with Sarah Cooper LLC c/o Black Inc.,
the David Black Literary Agency through Bardon-Chinese Media Agency
Simplified Chinese translation copyright © （2019）
by China South Booky Culture Media Co., Ltd.
ALL RIGHTS RESERVED

上架建议：商业·励志

CONGMING REN DE KAIHUI JIQIAO
聪明人的开会技巧

作　　者：[美]萨拉·库珀
译　　者：佘卓桓
出 版 人：曾赛丰
责任编辑：薛 健　刘诗哲
监　　制：毛闽峰　李 娜
特约策划：张明慧
特约编辑：王苏苏
营销编辑：杨 帆　周怡文　刘 珣
版权支持：辛 艳　刘子一
封面设计：仙 境
版式设计：潘雪琴
出版发行：湖南文艺出版社
　　　　　（长沙市雨花区东二环一段 508 号　邮编：410014）
网　　址：www.hnwy.net
印　　刷：三河市中晟雅豪印务有限公司
经　　销：新华书店
开　　本：880mm × 1270mm　1/32
字　　数：86 千字
印　　张：5.75
版　　次：2019 年 3 月第 1 版
印　　次：2019 年 3 月第 1 次印刷
书　　号：ISBN 978-7-5404-8704-1
定　　价：38.00 元

若有质量问题，请致电质量监督电话：010-59096394
团购电话：010-59320018